发现之旅频道

中央新影发现之旅频道是隶属于中央广播电视总台中央新影集团的专业电视频道，简称发现之旅频道。

发现之旅频道以“发现世界、发现自我”为核心定位，以人文地理纪录片、专题片为核心内容，以中青年高知群体为主要受众群体，紧扣“发现”视角，主张通过历史、文化和自然的对话达到个人内在的新发现。

杨定坤◎主编

人民日报出版社
北京

杨定坤

重庆人，纪录片导演。现为中央广播电视总台中央新影集团发现之旅频道节目总监。曾任《餐桌上的节日》《发现者说》《空姐新发现》《说丝路》《学者说书》等十几个栏目节目制片人、总导演，大型纪录片《电子竞技在中国》制片人、总编导，实景探寻知识游览VR节目《元宇宙旅行团》总编导。

编 委 会

本书由以下栏目组协助出版

目 录 Contents

大道之行

千载而下，古人对“道”的释义历久弥新。《说文解字》中，“道，所行道也。从辵，从首”，头行走也，意识带领身体的走向。《道德经》中，“道生一，一生二，二生三，三生万物”，道是万物万法之源，是创造一切的力量。“大道之行”，出自《礼记·礼运》，意为太平盛世的社会规则，是古人政治上的最高理想。

在河北交通投资集团有限公司（以下简称河北交投集团）党委书记兼董事长王国清的心中，一直有一种兼济天下的理想和信念。在他的带领下，河北交投人心怀“国之大者”，将使命铭记心间，责任扛在肩上，敢于担当，善于作为，知行合一，诺之践之，走出了造福于民的康庄大道、服务全局的京畿大道、多元发展的创新大道、合作共赢的聚合大道、凝心聚力的上善大道。

“北上太行山，艰哉何巍巍！羊肠坂诘屈，车轮为之摧”，1800 多年前魏武挥鞭登羊肠的感叹已随风飘散。2018 年 12 月 28 日，这是个值得历史铭记的日子。巍巍太行八百里，玉带蜿

蜓变通途。在这一天，河北省脱贫攻坚重大交通基础设施保障项目——太行山高速公路370公里主体工程顺利完工，正式开通试运营。从此，欲登太行不必再担心雪满山，740万山区群众出行不再难。

八百里太行纵贯河北，绵延不绝。虽山川雄伟，却因交通短板和经济发展滞后成为河北省脱贫攻坚的主战场。2012年12月，习近平总书记考察阜平县时，提出“把帮助困难群众特别是革命老区、贫困地区困难群众脱贫致富列入重要议事日程，摆在更加突出的位置”。2015年12月，太行山高速开工仪式正式举行，拉开了太行山高速建设的序幕。

这条太行通衢大道，是国家全面建成小康社会顶层设计的谋划，是河北省打赢脱贫攻坚战整体推进的关键，是河北交投集团发扬新时期太行精神艰苦奋斗的结果，更是河北交投集团为太行山老区人民献上的一份厚礼。

太行山高速公路的建设以“发展路”“扶贫路”为定位，纵贯太行山区，全长652公里，起于张家口涿鹿县京冀界，止于邯郸市涉县冀豫界，途经张家口、保定、石家庄、邢台、邯郸等5市19县；在设计过程中遵循“多出口、多连点、精配套”原则，设计44个互通点，18条连接线，与11条高速公路、数十条国省干线相连相通，连接线长达175公里，占主线建设里程比例达38.5%；建设35个收费站，平均间隔约13.5公里，密度比肩平原地区、经济发达区。

中国古代寓言《愚公移山》中，因愚公的行为感动上天使得太行、王屋两座大山被移走。勇挑重担的河北交投人，肩负起了助力革命老区经济腾飞的光荣使命，用行动重释了新时代的“愚公移山”精神。太行山高速公路穿越山区，线路长、跨度大、桥隧多、频交叉，施工难度大，建设高峰期近万名建设者开赴一线、会战太行，战酷暑、斗严寒，在工程建设的无数个日日夜夜里，披荆斩棘、穿山越涧，用自己的汗水和智慧创造了一个又一个辉煌。太行山高速公路仅实施科技攻关就达 32 项，申请专利 48 项，进行工艺方法微改造 60 余项，这在其他高速公路建设时是少有的。他们还大力推广彩色防滑路面、视线诱导、旋转桶护栏、高清监控系统全覆盖等技术，并率先将钢护栏由传统的“两波”升级为“三波”，提高防撞等级，升级安全系数。创新发明不断，节能降耗更是绞尽脑汁，应用废旧轮胎橡胶改性沥青近 8 万吨，首次应用蓄能发光材料，推广 LED 新技术，节约土地、能耗，做到“零弃方、少借方”，同步进行生态恢复，边坡绿化率达 90% 以上，充分兼容周边自然环境，实现了高速公路绿化与自然相协调。

历时两年零四个月的艰苦奋斗，2018 年年底这条经纬太行的交通大动脉完成施工，河北交投人完成了筑路太行的辉煌征程。

“太行山高速公路开创了全国最大公路 PPP 项目包一次性签约的先例，是我省最具扶贫意义，连接景区、革命老区最多的

高速公路，创造了全国同类工程中建设速度快、前期效率高、投资规模大等多项全国、全省之最。”王国清董事长这样总结道。

站在已建成的高速公路上，极目远眺，在风景宜人的燕赵大地上，只见如巨龙般腾飞的太行山高速，从太行山脚起步，穿越山岭，飞跃南、北洺河，穿过都市，沐浴红色霞光，正像梦一样地伸向遥远的地平线。

从山路弯弯到高速坦途，太行山高速就像打开山门的“金钥匙”，既实现了空间距离的连接，也不断释放着发展红利，帮助太行山区人民走上了康庄大道，共同绘就了太行山麓的美好前景。

临城崆山白云洞，是全球同纬度最大的溶洞，被国内外洞穴专家誉为“世界喀斯特风景洞穴博览园”。可就是守着这么一个“金元宝”，临城的旅游业在之前却没发展起来。在太行山高速公路开通前，家住崆山白云洞山脚下赵村的王强一家，还长年在石家庄打工。现在他们开的农家乐一到暑假旅客就络绎不绝。“现在夏天两个月挣的钱顶得上原来一年挣的了。”王强高兴地说。临城南收费站附近过去连省道都没有，为了带动地方产业发展，修建太行山高速公路时，在这里专门设置了互通，还建设了近11公里的连接线，连接省道石邢公路，让临城崆山白云洞不再“养在深闺人未识”。

在内丘县，中药原料酸枣仁的生产加工是该县农业的支柱产业，当地生产加工的酸枣仁分销至河北安国、安徽亳州等中药材专业市场。过去外运走京港澳高速，集中种植区到最近的高速入口也得 50 公里，太行山高速公路通车后，运输里程缩短至 20 公里，为产业发展、资源外运提供了便捷的交通保障。

“在建党 100 周年之际，沿着太行山高速，我去了很多的红色景点，这里处处充满了革命的光芒，印记着红色的史迹，我感受到了我们祖国的大好河山，真是壮丽多姿。”来自山西的旅客赵鹏雁感叹道。太行山高速公路一路向南，穿越保定、石家庄和邢台等地，串起了阜平晋察冀军区司令部旧址、西柏坡中共中央旧址、涉县 129 师司令部旧址等一批太行山红色旅游景区，独特的红色旅游资源吸引着越来越多游客的到来。

“以 650 公里太行山为主轴，以太行山高速 34 个服务区为支点，串联起太行山高速沿线 53 个 AAAA 级以上的景区和上百个古村落，深度挖掘太行山沿线的历史、文化和中草药中医药的潜力。推动沿线产业带的开发，更好地发挥高速公路的社会效益，是国有企业应有的责任和担当。”王国清在太行山高速建设时期就心系太行山老区，这样谋划着未来。

如果没有顶层谋划、整体推进，沿线产业由农民自主进行散养式发展很难形成规模效应，很难使土特产成规模地走出去。“一路三带”规划是河北交投集团送给太行山老区人民的另一份大礼。2017 年太行山高速公路建设期间，河北交投集团便联合省直部门、沿线地方政府调研了太行山沿线的产业基础和自然条件禀赋，坚持“绿水青山就是金山银山”的理念，在太行山高速沿线发展绿色产业带，助力尽早建成生态文化旅游产业带、山地特色农业产业带、中医药养生养老产业带，造福沿线百姓。

太行山高速开通两年后，沿线 7 个贫困县脱贫摘帽。以阜平县为例，2021 年农村居民可支配收入较 2012 年增长了 3.7 倍，达到 12342 元。

八百里太行八百里景，沿着这条康庄大道，一幅雄奇秀美的太行画卷正在世人眼前徐徐展开。

大道泱泱，大潮荡荡。紧跟时代步伐，把握时代脉搏，勇担

时代赋予的重任是河北交投集团的使命和责任。

2017 年 4 月 1 日，中共中央、国务院决定设立雄安新区。习近平总书记指出，“建设雄安新区是千年大计”。

2018 年，雄安新区规划建设进入全面实施阶段，一大批重大基础性项目陆续启动，河北交投集团积极参与雄安新区建设，迅速投身新区建设的大潮之中。

北京大兴机场至德州高速公路京冀界至津石高速段（以下简称“京德高速”）是雄安新区“四纵三横”区域高速公路网中的纵四线，是雄安新区通往北京大兴机场的主要高速公路建设项目。如果说一条条交通要道是血脉大道，那么连接北京、雄安和天津的主干道，可以说是全国心脏的主动脉。作为雄安新区综合交通运输体系建设的重要组成部分，河北交投集团在接到任务那一刻起，就向省委、省政府立下了军令状：建设雄安质量、创造雄安标准和雄安速度。

对于这个交通强国建设试点工程，河北交投人作为雄安新区对外骨干高速网建设的“国家队”，坚决按照世界眼光、国际标准、中国特色、高点定位，开启了京畿大道的建设征程。推进科技元素在京德高速、荣乌高速公路建设中的融合应用，河北交投人在永久路面、智能建造、智慧高速三大技术创新方面进行了科技攻关和重点突破。

“在京德这个项目上，全线 87 公里路面都摊铺了‘永久路面’新材料，这种材料以橡胶粉改性沥青为主，橡胶粉来自废旧轮胎，这样不仅提高了沥青的热稳定性，延长了路面的使用寿命，而且实现了废旧轮胎的再利用。基本能够实现‘15 年不用小修、20 年不用大修’。”王国清这样介绍道。

京津冀里绘宏图，猎猎旌旗攒动。正当雄安建设工地上劳动竞赛开展得如火如荼之时，突如其来的新冠疫情席卷了中华大地，2021 年年初，河北与疫情展开了一场“遭遇战”。一头是河北交投人建设雄安新区立下的铮铮誓言，一头是疫情冲击下复产复工的阻力。“勇于担当、自强不息”是河北交投人的血性和韧劲。河北交投集团采取雷霆措施和霹雳手段，一手抓疫情防控，一手抓复工复产，力保雄安新区建设如期推进。“我是党员，这种时候我不上谁上？”荣乌高速七标段项目经理牛国强接到复工复产的“集结令”，得知飞机停飞、火车停运，心急如焚，一层一层办手续开路条，从新疆自驾，连续两天两夜，奔袭 3000 公里，到达雄安新区建设驻地。2 月 18 日，荣乌新线、京德高速紧急复工，成为全省首个复工复产的重点项目，继而迅速形成连锁效应；河北交投集团联合市县政府推进地方工作，创造了全省高速公路建设史上土地组卷、征地拆迁、施工进度最快的纪录。

如何使雄安新区交通廊道符合“世界眼光、国际标准、中国特色”的要求，设计院的同志们夙兴夜寐，搜集大量文献资料、分析未来环境发展趋势，经过无数次的比选，最终提出了独具特色的规划方案，在首都至雄安新区的主通道上，创作一幅绝美的“千里江山图”。以《雄安新区对外骨干路网规划建设研究》为代表的一系列相关成果，获得国家部委和省委、省政府各级领导的高度认可，这份成果既是设计院对雄安新区交通之问的有力回答，更塑造了一幅工程师挺立时代潮头的群英像。

2021 年 5 月，荣乌新线、京德高速、迁曹三期共 172 公里建成通车，荣乌新线、京德高速拼出了 4 个月完成土地组卷、15 个月建成通车的“雄安速度”，创出了“雄安质量”，创造了“雄安标准”。随着这三条京畿大道的贯通连通，祖国母亲的主动脉变得更加强劲、畅通。

路通民富、企强业兴。河北交投集团不仅是河北省交通基础设施综合建设的主力军，更担负着国有资本增值保值，壮大国有资本，推动社会经济发展的重大使命。

成立伊始，河北交投集团就锚定目标，坚持“主业优强、多元发展”的战略规划，坚持走创新发展之路，全力开创出一条高质量发展的“创新大道”，让河北交投集团这艘国资利舰在新时代乘风破浪、行稳致远。

都说“靠山吃山，靠水吃水”。河北交投人坚持以路为纽带，深挖高速公路路域产业经济潜力，搭建了太行山特色农产品电商平台和太行山全域智慧旅游平台；启动太行山高速沿线乡村振兴“百村万户”工程，实现 100 个以上特色村“乡村微度假产品”整体上线，每年开展 10 个示范村业态提升深度合作和 1 个试点村项目建设；打造“太行农家度假旅游”新品牌和“环村落产业经济”新业态，助力农户脱贫增收的同时，增强了高速公路的经济韧性并拓展了产业深度。

创新之路没有终点，只有不断前进的起点。2020 年，在“一体四翼”产业全面落地的基础上，河北交投集团又明确了“十四五”期间的“三六五”发展战略规划，大力构建“四大两新”产业布局，培育核心竞争力和可持续发展能力，摆脱“啃路”依赖，做大“外循环”，有序实现发展壮大。

近年来，河北交投集团立足河北省高速公路富集优势，按照“行业支持企业、企业发展产业、产业带动经济”的思路，盘活存量资源，带动交通运输上下游产业融合发展，积极推进路衍经济发展，以主带辅、以辅强主，交通地产、现代物流、绿色交通及企业金融等多元化业务发展壮大，产业格局基本形成。截至2021年年底，二级市场化路衍企业从4家拓展到14家，营业收入由14亿元增长到104.48亿元，占集团总收入的比重由25%提高到52%，2021年实现利润总额近3亿元，逐步形成了交投特色的路衍产业生态体系，成为新的效益增长极。

土地是最为珍贵的资源。为了解高速公路建设用地需求量大和国家土地资源“红线”刚性约束之间的矛盾，河北交投集团谋定而后动，成立了土地开发整理公司，坚持机制创新、平台创新，通过提质挖潜，深耕市场，破解了这一难题。在解决全省高速公路建设与耕地占补平衡瓶颈的同时，切实履行社会责任，开垦整理土地60070亩，有力化解了占补平衡指标问题，盘活了国家土地资源增量。

低碳经济是未来社会发展的必由之路。河北交投集团紧紧把握这一发展趋势，先人一步进行产业布局，抢抓清洁能源市场先机，用战略眼光锁定创新之路的方向。早在2018年，河北交投集团就积极布局氢能生产、氢能装备制造、氢能示范应用、加氢站建设等氢能产业，协同推进张家口市氢能产业基地发展，服务冬奥会；推进“冀交能源”品牌建设，保障路域能源供给能力，统筹开展全省高速公路 LNG 加气站布局规划建设。

金融是经济的核心，是企业发展的血脉。要创新发展就必须用好用足金融工具，为河北交投集团的发展插上腾飞的翅膀。“十四五”期间，河北交投集团按照“一体两翼六驱五化”规划，大力发展交通产业金融业务，整合内部资源，推进资本运营、产业金融专业化，放大高速公路现金流和信用评级优势。组建成立了投资管理公司，控股收购上海普熙融资租赁公司，成功拓展再保理业务、类金融业务。目前，集团已拥有银行、基金、保险、租赁、保理等金融资产 150 余亿元，金融板块成长迅速、雏形初现。

如果说道路是血管，现代物流就是国民经济的血液。河北交投集团紧盯交通物流产业，打通物流运输关键点，搭建物流产业平台，以贸易为先导、港口为基础、平台为支撑，延伸港口物流布局，布局巴西、阿根廷大豆国际粮油贸易，推进几内亚矿石采运供一体化。先后注册成立交投物流、交投怡亚通供应链、秦皇岛港务、唐山港口四个物流公司，搭建河北省县域特色产业供应链平台，陆海空港、城市乡村、国内国际全面发力、扎实起步、快速成长，营收和效益逐年攀升。随着产业链的不断壮大，河北交投集团立足综合交通运输体系建设规划，大力实施融合发展，组建京津冀陆海空港联盟：向海发展，成立港口实体公司；向陆发展，启动山海关港建设；向空发展，接手河北航投集团，布局飞行设备研发、航空物流，推进正定国际机场货运航空物流基地建设……

想象一下，琳琅满目的商品，通过机场、港口送入境内，然后一辆辆制式物流配送车、冷链运输车守候在机场和港口，第一时间装好货物，驶入高速公路，一刻不停地驶入目的地，直至将新鲜实惠的商品送到顾客手上，时间最长不超过三天……而这一切都有河北交投人的身影，每一步都有河北交投人的悉心服务。

日月不居，天道酬勤。八年多来，河北交投集团从成立时的资产仅百亿元到今日超 3000 亿元，资产规模，20 倍于初；从籍籍无名到今天全国服务企业 500 强，一体两翼，多元并强。这是河北省委、省政府擘画经济强省和美丽河北发展蓝图之交通画卷的生动实践，是河北交投人“勇于担当，自强不息，用心做事，敢为人先”艰苦奋斗企业精神的实践映照。

犹记 2013 年 10 月 18 日，在那个玉宇澄澈、金秋送爽的日子，河北交通投资集团有限公司挂牌成立，确定企业性质是由省政府出资并管理的国有独资企业，为省政府授权投资机构，由省交通运输厅代表省政府履行出资人职责，并依法履行行业监管。

彼时，河北交投集团仅有十数人，时间紧、任务重、头绪多，如何圆满完成省委、省政府交给的任务，河北交投人以“踏石留印，抓铁有痕”的实干精神，知难而进，艰苦奋斗，终于开创了河北交投事业发展的新局面。

这是河北交投集团鼎立基业的第一步，也是河北交通事业改革发展迈出的一大步！

河北省“十二五”交通运输发展规划中指出，“十二五”期间，高速公路建设里程突破 6000 公里，密度达 3.6 公里 / 百平方公里，超过世界发达国家水平。“书写交通强国河北篇章应有我、必有我”，这是每一个河北交投人的心愿。

然而，融资形势却不容乐观——严格管理地方债，不再增加政府债务的呼声越来越高，国家有关文件发布后，事业单位融资平台严格受限。河北省高速公路建设债务日积月累，包袱越来越重；融资渠道狭窄，基本依靠银行贷款的间接融资方式，融资成本高、限制多、审批复杂……

变则通，不变则壅。“深化高速公路建设管理体制改革，用企业模式推动高速公路建设，盘活高速公路存量资产，以经营性的模式拓宽融资渠道。”审时度势后，省政府做出了重大决策。

2013 年 5 月 23 日，河北省政府印发了《关于同意组建河北交通投资集团公司的批复》，同意组建河北交通投资集团公司，将其作为河北省政府管理的国有独资企业，通过搭建企业融资平台，盘活存量资产，变间接融资为直接融资，实现投资主体多元化、筹资渠道多元化、融资成本合理化，有效破解全省高速公路建设筹资难题，推动全省高速公路持续健康良性发展。

如何破解融资难，是摆在河北交投集团面前的第一道难题。

2014年3月6日，河北交投集团委托中国银行的100亿元定向债成功注册。此时，集团成立不到半年，这只100亿元的私募债，创下了相关债券品种中公司成立时间短、发行金额大的纪录，为河北交投集团奠定了直接融资的良好开局。

随后，经国家发改委批准，成功发行企业债20亿元。44亿元中期票据和61亿元的短期融资券也已申报至银行间交易商协会。

随着资产规模的增加，2014年，河北交投集团成为河北省为数不多的AAA级主体信用评级企业，为今后拓宽融资渠道、降低融资成本、增强后续发展能力进一步打开了空间。

2015年4月，河北交投集团就高速公路建设、产业发展与国家开发银行河北分行签署了《开发性金融战略合作协议》，最后在2016年、2020年又分别与工行、农行签署战略合作协议，集团不断巩固与国有大型银行的友好合作，投融资工作逐步驶入平稳高速发展的快车道。

河北交投集团成立以来，一直坚持优化债务结构、降本增效。例如，2016年、2017年在市场资金紧缺、利率不断上升的严峻形势下，河北交投集团积极协调争取到基准利率下浮10%的低利率长期贷款，同时与国家开发银行、工商银行等14家银行争取到了将184亿元贷款利率调整至基准利率之下，共计节省利息10.2亿元。2020年，利用人民银行等部门出台政策鼓励金融

机构适当下调贷款利率和实施 LPR 引导利率市场化时机，以已审批债项额度充足等筹资有利形势为依托，按照全面推动、突出重点的策略，协调银行审批突破以往基准下浮 10% 的隐性下限，以点带面，引导银行全面深度下调存量利率。截至目前，集团债务利率降至 4% 以下，处于行业较低水平。

八年多来，河北交投集团迎难而上，不辱使命，通过多种方式和渠道筹集资金，累计融资近 2300 亿元，其中直接融资 507 亿元，实现了筹资渠道多元化、融资成本合理化的目标。

除了有效破解全省高速公路建设筹资难题外，河北交投集团还在化解地方政府的债务危机上发挥了重要作用。

2013 年 12 月 19 日，经河北省政府批复，河北交投集团取得了衡德高速公路经营权，衡德高速成为集团经营的第一条依法受让的地方高速公路。从确定收购到收购成功，仅用了短短一个月时间。

衡德高速受让经营权的成功，为河北交投集团快速整合其他高速公路经营权，探索出了一条市场化规范运作的新路，对于集团快速发展具有重大意义。

随即，河北交投集团先后完成了保阜、张石保定段、承秦承德段、邢临、沿海等 6 段高速公路收费权益受让，累计解决衡水、保定、承德、邢台等地方政府性债务 584 亿元。2020 年又受让张家口市高速公路资产，化解张家口地方政府性债务风险 310 亿元。

在帮助化解地方政府和国有企业债务风险过程中，河北交投集团充分展现了国有企业的担当，发挥了国企的“压舱石”“稳定器”作用，用行动诠释了“厚德载道、聚合致远”的价值观。

“交投集团的八年创业史，就是一部国有企业听党话、跟党走的历史”，说起集团的成功秘籍，党委书记王国清这样感慨道。

组建伊始，河北交投集团党委便始终坚持抓党建、兴文化、聚合力，不断夯实企业发展根基。八年多来，集团上下坚持党建引领，党的组织和党员跟着产业布局走，党的建设围绕生产经营工作干，全体交投人在各级党组织的领导下，以奋斗者的姿态奔跑前进，走出了一条把党建优势、党建成果转化为发展优势、竞争优势的创新路径。

2020 年 11 月，河北交投集团所属 16 家高速公路运营企业党委分别与高速交警、高速路政党组织开展联创共建活动。三方均因路而生、与路共兴，打造路畅人安和谐环境是三方的共同目标。三方聚焦恶劣天气少封路、不封路，通过协调联动，签署共建协议，建立长效机制，及时有效采取压车带道、单边放行等行动近 400 次，促进通行费增收 2000 余万元，实现了“路警一体化”的升级赋能，成了实实在在的“一家人”。这种围绕同一目标，构建党组织联创共建机制的形式，在河北交投集团的建设领域、运营领域、多元化经营领域均进行了实践，从而把党建优势转化为竞争优势，把党建品牌含金量转化为发展的高质量。

如何把党的领导融入公司治理各环节，发挥红色引擎引领作用，是王国清一直思考的问题。在党建的引领保障下，河北交投集团在 2017 年形成了去行政化、破惯性的思维，2021 年实现了由全民所有制企业向公司制企业的改革，成长为治理能力先进的“大集团”。

“要发挥好党建品牌的影响力，发挥好基层党组织的战斗堡垒作用和党员的先锋模范作用，要发挥好考核的指挥棒作用。”王国清在集团公司的党委会上强调。截至 2018 年，河北交投集团所属控股企业、全资企业全部实现了“党建入章”“党组织前

置研究”，党建工作体系和考评体系全面建成，基层党支部领导力测评全面推行。集团公司在雄安新区高速公路建设、高速公路运营、多元产业经营中大力开展的“共建雄安”“一路畅行”“合作共赢”三大主题活动，均产生了强烈的反响。基层党员间“比学赶帮超”的氛围越来越浓，基层党组织的凝聚力越来越强，在近两年疫情防控工作中，涌现出大批坚守岗位、舍小我为大家的先进党员模范。在2021年初石家庄全面封控期间，一些党员积极投身社区的疫情防控工作中，党员刘勇强说，“看着医务人员那么忙，我是党员，帮着疏导疏导，给他们减轻点负担”，憨厚的汉子笑着又去忙活了。而被封控在收费站上的党员韩永康忙得快脚不着地了。他所在的收费站正好紧邻石家庄市新冠疫情的定点接收医院——河北省胸科医院，为了保障医疗救援团队的快速通行，他已经坚守岗位两天两夜了。他们只是河北交投集团党员中的一个缩影，还有3000多名党员在抗疫情、保通车、创效益、拓市场等攻坚克难任务中用行动擦亮了“温暖党建”和“同心向党”品牌。

心有所信，方能行远。河北交投集团成立之初，就以“厚德载道、聚合致远”为价值观，以“经纬京畿大道、造福社会大众”为企业使命，以“勇于担当、自强不息、用心做事、 敢为人先”为企业精神的企业文化价值体系。从区区十数人，发展到今天1.6万人，从成立之初风雨飘摇中的小舟，到如今劈波斩浪的巍巍巨

轮，河北交投人一步一个脚印，一步一个台阶，踏坎坷、啃骨头、破难题，在实战和奋进中锻造出了“愚公精神”，在拼搏和竞争中锻造了“交投血性”，打造出了一支敢打硬仗、善打胜仗的“交投铁军”，闯出了交投品牌，打开了市场大门，绘就了今天河北交投集团美好的发展蓝图。

大道之行，天下为公。这是河北交投集团坚定的信仰，也是河北交投人坚守的信念。

《影响力时代》栏目组提供

将利己之心化为利人之行

亚当·斯密曾在《国富论》中论述道："我们每天所需的食物和饮料，不是出于屠户、酿酒师或烙面师的恩惠，而是出于他们自利的打算。"屠户、酿酒师和烙面师虽然有着利己之心，但客观上做出了利人之行，因此在市场经济中同样值得赞许。而在现如今的社会中，有一个企业却将"利人之行"放在公司经营发展的首位，将利己之心化为利人之行，它就是陕西集群物联网服务管理股份有限公司。

集群 e 家致力于社区商圈"O2O"服务体系的建设、运营、服务和管理，平台构思于 2007 年，经过多年积累和理念沉淀，2012 年开始正式运营，发展前景一片广阔。

《集群消费》是创始人王志宏的著作，同时也是集群 e 家独特经济模式的理论基础。当生产和消费不再是对立的关系，"买卖是一家"，消费资本化成为现实，一个独特、创新、前卫的商业模式就此诞生。它以"智慧生活"构建为最终目标，将视角聚

焦在社区经济市场领域，把目标消费者精准定位在社区家庭，用服务满足家庭实际需求，达到减支、增值的目的。

“利人之行”不是突发奇想，而是一以贯之。在公司创立之初，王志宏董事长便认为企业经营不是创造利润，而是服务顾客，而且在之后的经营管理中贯彻执行了这个理念。除了提出“只做服务，不做买卖”“坚持等价值交换”的理念以及一系列标准化运营管理模式外，集群 e 家独特的创新性现代服务的立足点是站在消费者（社区家庭）的角度，帮助解决实际需求，四种消费服务产品的推出就是最好的例子，如独创合作五品，提炼经营五品，

项目运营服务图

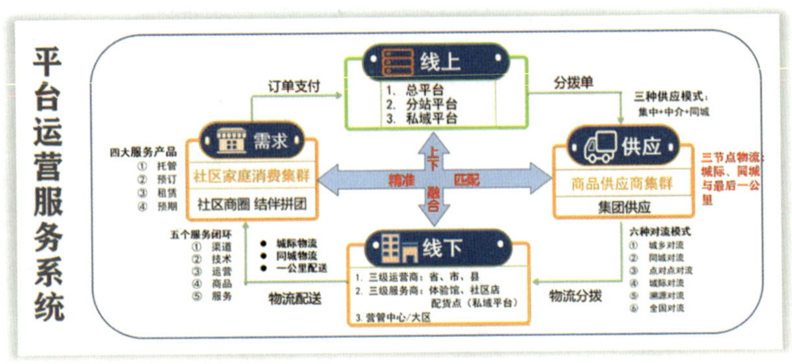

以低于市场公允价 30% ～ 40% 的价格，用物美、价廉、实惠的产品满足百姓对于“菜篮子”的迫切需求。

集群 e 家的“利人之行”不仅面对社区家庭，在企业内部管理上同样温暖融洽，孕育出“家爱和亲”的企业文化，让每一位员工感受到如家般的温暖与爱。

怀家国情怀，为人民服务。作为经济发展的重要力量，践行企业社会责任已深深根植于集群 e 家的经营发展和长远战略之中。依托于平台优势及先进理念，自 2017 年“校企县合作精准扶贫项目推广暨一县一品消费节”举办后，集群 e 家精准扶贫工作交出了亮眼的成绩。2019 年，政校企镇四方合作精准扶贫座

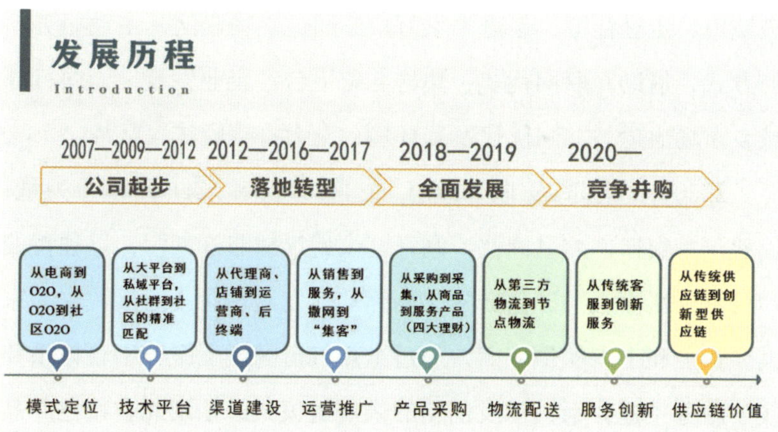

谈会在集群 e 家召开，省社科联领导一行对集群 e 家服务模式表示高度认可，认为其为智慧生活项目的开展和精准扶贫工作的实践提供了新的思路。

2019 年 9 月，“农联谷韵吉首 政企同话扶贫”武陵山区农特产品招商订货会成功举办，湘西土家族苗族自治州、吉首市的领导出席现场做会议致辞。在“互联网 +”热潮涌动下，借助吉首市政府与集群 e 家项目双方合作优势，落实精准扶贫政策，以“智慧生活平台”为纽带，以线上线下模式，全方位的服务渠道，助力湘西进入快速发展的通道，进一步打开湘西城乡市场通道，实现资源优势转化为经济发展优势，深入推动湘西名优农产品走进城市、走进社区、走进千家万户。通过“物联网＋主动服务”的方式，借助互联网优势、集群e家平台、企业力量，一同打开城乡市场通道，共同优化发展环境，全力打赢脱贫攻坚战。

2020年，集群e家联合政府、企业、经营者、农户等多方力量，以武汉为窗口、立足湖北，制订“大武汉战略计划”，以独特的“智慧生活平台”、创新的“后终端”发展理念，对接武汉多家大型企业和上百家供应商，通过全新打造的线上服务平台体系和线下服务渠道体系，以及创新的供应链模式，让湖北省特色产品进入快速发展的通道，为湖北经济破浪前行搭桥铺路。

2021 年 6 月，集群 e 家全国首站“智慧生活项目城市合伙人财富盛典”在长沙圆满召开。以集群 e 家创新模式为基点，就如何积极响应商务部、住房和城乡建设部等 12 部门联合印发的《关于推进城市一刻钟便民生活圈建设的意见》展开讨论，赋能“最后一公里”“便民生活圈”，探讨互联网社区电商经济发展趋势，深入分析社区经济发展核心问题，谋局合伙人大时代，助力长沙经济。

2021 年 11 月，集群 e 家并购上市进程不断加快，多项进程均取得喜人成果。集群 e 家与世界金融控股集团的全资子公司上海控本企业管理有限公司就知识产权、境内融资、上市路径等方面进行深入谈判。双方成功签署知识产权实缴及上市辅导协议，确定上市路径，正式吹响了进军资本市场的号角。

2022 年，集群 e 家上海路演圆满成功，凭借独特的项目模式与优质的服务能力，展示出了强劲的发展潜力，得到了资本市场、投资者与专业机构的重点关注和高度认可。集群 e 家坚持开放、合作、协同、融合的发展策略，在大变局之中掌握主动，实现业务赋能和战略升级，与世界金融控股集团成功开启了资本战略合作。这标志着集群 e 家向国际资本市场迈出了关键一步，更将成为企业战略落地的里程碑事件。

“你能帮助多少人，你的影响力就有多大。”把“利人之行”做到极致后，反而会得到市场更多的认可和消费者更多的青睐。

集群 e 家深信，只有从信任中产生的联系才更为紧密，只有从服务中延伸出的发展才更长久。做企业，就要为老百姓做点事，为社会做点事，为国家民族做点事，这是责任所在。

政策频出重大利好，集群 e 家迎来全新发展时刻。《人民日报》发表《推动社区商业转型升级》，建设便民惠民智慧服务圈，“便民”是前提，“惠民”是根本，“智慧”是方向。集群 e 家自成立以来，便始终以“便民、益民、惠民”为根基，着力打造了母亲式服务、保姆式服务及“最后一公里”服务，实现线上线下精准匹配，让百姓生活更轻松、更便捷!

发展社区商业，互联网技术大有可为。集群e家一直重视技术系统，斥巨资研发了第三代技术系统，为智慧生活项目落地打造了坚实根基。

集群e家一直紧随国家政策，赋能实体经济，助力社区商业。根据《城市一刻钟便民生活圈建设试点方案》要求，集群e家正加快推进一刻钟便民生活圈工作，搭建智慧生活项目，将传统的“货、场、人”模式转变成以人为中心的“人、货、场”模式，打通线上线下不同渠道界限，全渠道满足需求。

针对较受关注的“最后一公里”配送难题，集群e家独创三节点物流体系和创新供应链模式，显著提高效率，降低人力成本，进一步提升消费便利化水平。

疫情之下，在行业紧缩变革之际，集群e家突出重围全力保供稳价，正如集群e家董事长王志宏所言：“以服务赢市场，以实惠促用户，以大爱获人心，借助‘后终端’和‘集客’理念，激活‘最后一公里’服务，真正服务用户。”

2022年，国家发改委、工业和信息化部、商务部等七部门联合印发了《促进绿色消费实施方案》，“绿色消费积分制”再次被明确提出。而早在多年前，集群e家便将“绿色消费积分”

对话
chinese brand
中国品牌

的基因刻进骨子里。集群 e 家智慧生活项目直接对接农业产地和社区家庭，减少中间环节，并通过三节点物流和四大消费服务产品，进一步助力绿色消费。

同时，为顺应时代发展趋势，集群 e 家开展积分福利制度，社区家庭用户不仅可以在平台选购到实惠、实在、实用的物品，还可通过积分用于日常刚需消费，再次降低家庭的生活成本和消费开支，让社区家庭享受多重福利。

13 年探索前行，集群 e 家用“理论”和“实践”走出了独特的发展道路，用亮眼的成绩得到国家部委领导及行业市场的一致认可。未来，他们将继续精准把握市场发展的“时”与“势”，锚定长远的发展方位，持续赋能行业生态，服务家庭需求，以利他式的经营发展，为集群 e 家发展铸魂聚力，向服务更优进军，向并购上市进军，展现更大的作为。

《对话品牌》栏目组提供

携手今日，创新未来

被世界誉为中国“新四大发明”之一的中国高铁，正风驰电掣地驰骋在华夏大地，在带给人们出行便利的同时，不断刷新着世界纪录。而在这背后，是大批的中国高铁追梦人数十年如一日地默默奉献，今创控股集团董事局主席俞金坤就是其中的一位。

迎着改革开放的春风，俞金坤演绎着商海传奇。从 1988 年的一台注塑机，到如今每年创造超百亿元的价值。回望俞金坤 30 多年的创业经历，是觉知、奋斗、实现理想的 30 多年；是产业兴邦、实业报国的 30 多年。

1988 年，45 岁的村办厂厂长俞金坤辞职，东拼西凑 8 万元，8 个人在一间闲置的 20 平方米的旧屋里开始创业，厂名为“武进剑湖五金塑料厂”。

2022 年，他已是拥有数百亿元资产，1 万多名员工及一个跨法国、英国、印度、新加坡、澳大利亚等多个国家的跨国集团的董事长。

45 岁创业，一根扁担挑前程

出生于 20 世纪 40 年代的俞金坤，罱过河泥、摇船送过瓦坯、种过地，身上保留着农民质朴而执着的品格，又有着创业者的机敏与智慧。

20 世纪 80 年代初，当地村干部请他到村办企业当厂长。接手后，俞金坤把这个厂当成自家的厂来办，厂里搞建设缺木料，他就把家中准备盖房子的木料搬了过去。1987 年年底，原本一穷二白的村办厂实现 1000 多万元的年销售额，年纯效益达 100 多万元。

1988 年，依靠借来的 8 万元启动资金，俞金坤另起炉灶，创办了武进剑湖五金塑料厂，生产几毛钱一个的绿皮火车专用衣帽钩和窗帘钩。那时的俞金坤，既是厂长，又是供销员，还是送货工。一个月里，他有 20 天在外跑市场、送货，最远要坐 40 小时的火车到长春推销产品。

南京、青岛、唐山……南来北往的火车上，一根扁担，陪伴俞金坤经历一个个春夏秋冬。出门推销，舍不得多花几元钱买张卧铺票，俞金坤常常蜷缩在别人的座位底下。他靠着肩挑背驮的点滴积累，挺过了艰苦的创业期。

此后数十年间，俞金坤逐步丰富产品种类，提升列车配套能力，产品涵盖了高速动车组、城市轨道交通车辆和普通列车内饰装备系列，列车控制系统、娱乐系统和站台屏蔽门等 2000

多种，KTK 商标成为全球轨道交通产业享有盛誉的金字招牌。

2017 年 6 月 26 日 11 时 05 分，具有完全知识产权的两列中国标准动车组“复兴号”，在京沪高铁的两端——北京南站和上海虹桥站双向发车成功，标志着中国铁路技术领跑世界的时代来临。

从 20 世纪 80 年代的绿皮火车起，俞金坤对承载自己创业苦涩与幸福的中国铁路，有着别样的情愫与坚持。

为了这一刻的到来，他准备了太久。早在 2004 年，在“和谐号”上，他和团队夜以继日，从 20000 多张图纸中按图索骥，提前完成了“和谐号”的配套交付。面对“复兴号”的光荣使命，他希望带领团队“自己来”，通过百分之百的自主研发实现真正的“中国制造”。

在“复兴号”技术攻关的紧要关头，恰逢大年三十，俞金坤和团队一起奋战到凌晨 3 点，大年初一早上 8 点，又坐在了研发部里。为让车厢客室中的顶板减重 1 公斤，他顾不得算“经济账”，坚持重新研发、多次开模，投入 1500 万元，最终实现了轻量化。

“当你乘坐中国高铁时，肉眼所及的所有产品几乎都是我们今创制造的。”向人介绍今创时，俞金坤总是这么“凡尔赛”。

2018 年 12 月“中国好人榜”上，俞金坤因“讲诚信铁锤‘砸掉’1000 万 重质量实现产品零缺陷”事迹，获评诚实守信好人。

对于讲了一辈子诚信的“老俞”来说，这是最高的荣誉。

在世界舞台“攻城略地”之前，今创经历了一番“脱胎换骨”。时至今日，俞金坤砸锤子的声响，还回荡在今创人的记忆里。

2002 年前后，广州地铁二号线上马，庞巴迪长春客车公司中标广州地铁二号线。这消息使得俞金坤跃跃欲试，他主动到长客请缨，顺利完成广州地铁内饰项目。紧接着，庞巴迪将德国的 1400 辆列车的整体内装项目交给了今创。3000 多万英镑的订单，按照当时的汇率，折合 4.5 亿元人民币，今创人信心满满。

然而，第一批出口产品运到德国，外方检验结果：不合格！消息传回的第二天，俞金坤在厂区广场召开全厂职工大会。一辆大卡车停在广场中间，车上放着有缺陷的产品。

“做出这种产品，是在砸我们自己的饭碗！不用别人砸，我现在就先把它砸了！”俞金坤举起锤子，含泪砸烂了产品。“是我们的责任，就要全力承担，交给客户的必须是‘零缺陷’产品，我宣布，这1000万全部报废！但我相信，以后会有更多的1000万！”

“这一砸”，把全厂干部职工的脑袋砸醒了。此后，每天早上开工前，年近 60 岁的俞金坤爬上卡车后车厢，给全体员工上“质量课”“诚信课”。新一批产品重新赢回了庞巴迪的信任，庞巴迪也成为今创发展道路上重要的合作伙伴之一。

在世界轨道交通行业内，至今还流传着“小螺丝换来大订单”

的故事。2006 年 3 月，在伦敦市准备其主办的奥运会相关工作期间，今创集团收到邀请，希望公司参与伦敦地铁 1402 辆车内装饰项目的竞标。然而，当时庞巴迪德国总部并不准备把项目放到亚洲来做，他们更相信欧洲企业的实力，但一颗小小的螺丝改变了庞巴迪的想法。

在一次合作中，庞巴迪的管理者因失误遗失了一根专用螺钉，而在他们的印象中，中国人很难研发出来。俞金坤得知后，派人连夜将螺钉送到上海；后来又派专人乘飞机将一件价值不高却很重要的小型专用配件送达目的地，让庞巴迪减少了损失。最终，“诚恳”让今创得到了这个产业巨人的“垂青”，最后庞巴迪欧洲总部同意“给今创集团一个公平竞争的机会”。今创集团不负众望，通过艰难的竞标过程，最终拿下了一份总额超过 6 亿元人民币的大订单，该订单的取得是今创集团发展历程中最重要的里程碑之一。

对客户承诺的“零缺陷”，成为今创最具分量的“世界通行证”。截至目前，今创已成功完成 100 余项境外项目。今创用世界版图上竖起的一个个“KTK”，让世界信任“中国造”。

俞金坤总说，今创与武进国家高新区的相遇，要归功于“魄力”二字。

“一个有魄力的企业家，遇到一个有魄力的园区，双方一拍即合，就能干成事，创成业。”

2004年1月，国务院在《中长期铁路网规划》中，提出一个大气恢宏的轨道交通计划——“四纵四横”加三个城际客运系统客运专线网络，建设里程将达到史无前例的1.2万公里。这一宏伟蓝图的提出，让全世界制造商都意识到，在中国960多万平方公里的广袤土地上，将诞生一个史无前例的巨大市场，大到没有任何一个高铁企业可以忽略。

“高铁，可以让许多人回家的路更近、更快！”俞金坤有着最质朴的判断：中国人口众多，幅员辽阔，大量的中长途旅客运

送主要依靠铁路，随着经济的发展，流动周转越来越迅速，每逢过节放假，长短途客运陡增，对我国的客运能力提出了越来越高的要求，发展高铁，是不二的选择！

2005 年，国内对于高铁的质疑之声此起彼伏，面对需要“低头学习”、刚刚起步的高铁，很多地方迟疑了。“当时，在日本的一个招商活动上，武进国家高新区的主要负责人对我说‘俞总，到我们高新区来吧’，他诚恳地向我推介了武进国家高新区的发展规划蓝图。那样宏伟的发展规划，在空间饱和的乡镇板块，是无法实现的。”

人与人，总会因为同一个梦想而热血沸腾。俞金坤决定，落址武进国家高新区，与众多世界 500 强企业比邻。这个决定里，藏着与世界 500 强未来比肩的决心。

从日本回来以后，今创当即在武进国家高新区购置了一期

300 亩土地，打造了今创国际工业园。因为今创的到来，掀起了“以商引商”的“蝴蝶效应”。此后几年间，今创国际工业园先后引进了日本小糸电工、日本住电东海特殊橡胶材料、德国虎伯拉风挡等轨道交通领域的 6 家头部企业，并与它们合资合作，以积极行动践行“以市场换技术”，积极引进、消化、吸收再创新，为中国铁路高质量发展贡献今创力量。

以常州住电东海今创特殊橡胶有限公司为例，该企业由今创集团、住友电气工业株式会社（SEI）以及住友理工株式会社（SRK）于 2009 年合资成立，主要从事轨道交通车辆用的空气弹簧及防振橡胶的设计、制造、销售和技术服务。“高铁上硬币不倒，关键就靠它。”

2010 年，今创在武进国家高新区布局第二子，拿下 100 亩地，与日本纳博特斯克公司成立合资公司，主要生产城际轨道和地铁的制动系统与车门系统。

善举纲者万事遂，善谋势者机可期。伴随着中国高铁走出国门，俞金坤敏锐地意识到，以今创集团为代表的高铁配套商将在国际上迎来更多的机遇。

如今的今创控股集团是中国制造业民营企业 500 强、江苏民营企业 200 强、江苏制造业民营企业 100 强、江苏自主工业品牌 50 强企业。连续 13 年荣获常州市工业五星级企业称号，也是国家“火炬计划”重点高新技术企业、轨道交通内装饰产品单项冠军示范企业、江苏省创新型企业、苏南国家自主创新示范区瞪羚企业等，建有国家级博士后科研工作站、江苏省院士工作站、江苏省认定企业技术中心、江苏省认定工业设计中心、江苏省轨道车辆内饰装备工程技术研究中心等。

作为中国轨道交通装备重要的配套企业，以及经省科技厅等部门认定的重点高新技术企业，今创集团不仅将先进技术带到京沪线、京广线、沪宁线等重要铁路线，还参与制定了《轨道交通车辆内饰装备技术规范》《城市轨道交通车辆贯通道技术标准》等行业标准，拥有轨道交通车辆内装复合材料、不锈钢薄板箱盖与箱体的焊接加工工艺、行李架、铝合金大型超塑气胀成型模具、轨道交通屏蔽门系统、地铁司机室司机座椅、动车组头部端盖的开闭机构等几百项发明专利和实用新型专利。

从 2003 年成立以来，今创集团先后获得了 IRIS 认证、CRCC 认证、DIN6701 国际粘接认证和 EN15085 国际焊接认证，通过了 ISO9001、ISO14001、OHSAS18001“三位一体”管理体系认证，具有轨道客车车辆配套产品的整体总承包能力。

经过多年的发展，今创集团已成为中国轨道交通装备重要的配套企业和领先企业，是中国中车旗下各主要主机厂坚实的合作伙伴，为国家“一带一路”建设、“中国高铁走出去”等做出了重大贡献，成为常州先进制造业企业走向世界的杰出代表。今创集团还在国际市场先后与全球行业传统巨头庞巴迪、阿尔斯通、西门子等公司建立了战略合作伙伴关系，产品出口并应用于英国、法国、意大利、比利时、澳大利亚、马来西亚、新加坡、印度、泰国、南非等 30 多个国家的轨道交通车辆项目。

“十四五”期间，今创将抓住“国家两新一重、长三角一体化”等重大节点，在轨道交通装备、环境保护、船舶、5G 通信、房地产等板块多点发力，实现高质量稳步发展，朝着“百年今创、百强企业”阔步向前。

《匠心智造》栏目组提供

根在东方，魂自华夏

今日之中国正处于世界发展的大变革时代，东方文明与西方文明的相互交融，文化呈现多元化。在新的历史时期，如何讲好中国故事，展现中国数千年文明的魅力？如何创新中华优秀传统文化教育的途径和方法？如何深入挖掘中华优秀传统文化的时代价值？如何传承和弘扬中华优秀传统文化，将其融入社会主义核心价值观建设？这是全社会共同的课题，也是深圳市东夏教育科技有限公司（以下简称东夏教育）创始人文国强一直在思考的问题。

作为文天祥的后人，文氏先祖的精神和家风家训深刻影响着文国强，家族文化及中华优秀传统文化让他坚定了此生守护与传承的决心。从 2009 年开始，他怀着对党和国家的无限感恩之心开始思考，除了感恩，还能用什么方式来更好地奉献这个社会？通过什么方式来继承祖德、报答国家，为国家和人民做些实事？

怀着这份梦想和使命，2016 年文国强创立了东夏教育，期望通过这个平台，设计出与时俱进，满足国家、社会和人民真正需要的课程，最大限度地帮助人们找到解决生活中遇到的健康、事业、亲子教育等各种问题的方法，减少迷茫，回归喜悦与幸福；同时让科学和创新精神根植未来中国文化的基因，让文化发展更具生命力，更好地实现中国文化的传承、创新与可持续发展。

文国强说："我们虽然是一个公司，但是我们传递的是一种家国情怀。守护、传播我们民族的文化、家国的文化、祖先的文化，我觉得这是我人生的一份事业。"

一直以来，东夏教育以“弘扬中华优秀传统文化，共圆中国梦”为使命，以“弘扬东方智慧，传播中华文明，传承爱国精神，传递家国情怀”为企业宗旨，主要开展了爱国孝亲、红色研学、报恩祭祖、亲子教育、女性教育、正气养生、企业家高级研修等以“传承和弘扬爱国精神、红色文化、雷锋精神，弘扬东方智慧，传承和弘扬中华孝文化、祠堂文化，扬正气、促和谐、助健康”等为主题的丰富多样的活动。通过生命之树、中华民族万姓先祖报恩祭祖、未来之星、东方天使·智慧女人、正气养生等品牌课程，让大家从“身心德”三个层面全方位认识中华文化，用大众喜闻乐见的活动形式弘扬中华优秀传统文化。

东夏教育的活动通过让大家重新认识生命，了解“生命的根”是国家、是父母祖先，从古圣先贤的东方智慧中了悟生命的真谛、教育的真谛、家庭幸福和谐的真谛，释放和缓解生活压力，找到解决困扰自身问题的方向和方法。引导大家找回“生命的根”，从祖先的智慧和中华优秀传统文化中找到信心、找到方向和方法，让无数人认识到爱国、孝道的重要意义并落地践行。

新时代，中华民族的文化基因需要与当代文化相适应、与现代社会相协调，助力推进社会主义文化强国建设、提高国家文化软实力。

文国强认为：“一个文化的传播和传承，一定是与时俱进的。这样才能够推动社会的发展。能够使这个社会更加和谐，更加和平的文化就适合现在的时代。”东夏教育通过不断地探索和实践，结合社会发展趋势和当代人们的精神需求，提炼出具有当代价值的中华传统文化精髓，在线上和线下开展了多种形式的以弘扬中华优秀传统文化为主题的文化活动，学员们在实践中体悟中华优秀传统文化，增强参与感、认同感、获得感，并将其转化为内在精神追求和行为习惯，让活动真正成为传承发展传统文化的生命力所在。

东夏教育还与国家级高新技术企业、国家双软企业在人工智能方面展开战略合作，旨在将处于世界前沿的先进技术与中国文化有机融合，形成科技、教育、文化协同创新发展模式，领航中国文化在人工智能领域的运用；同时，人工智能也极大地丰富了东夏的课程体系、成长体系，满足各年龄段，特别是青少年对科教、文化方面的学习和成长需求，带动中国传统文化教育行业升级。东夏 AI 教育以“文化育人，科教创新；家国为本，文化为根；科技为翼，教育为擎”为核心理念，帮孩子借力圣贤思维格局、学习先进的人工智能技术，开发潜能，让孩子把握时代脉搏，同时打好文化根基，做新时代的世界引领者，课程核心是构建全息生命教育系统，培养心德全面发展的未来领袖。

东夏教育已走遍全国 23 个省、自治区、直辖市，近 70 个城市、直辖县（截至 2021 年 11 月），举办各类教育培训活动近 300 场，开展线上课程近 400 期，线上线下辐射人数达百万。

六年来，公司始终坚定“听党话、跟党走、报党恩”的信念和决心，把党的号召融入企业活动的各个环节，通过祭奠英烈和革命先辈、参观纪念馆、唱红歌、观看文章和视频等多种形式学习党史和党的精神、路线、方针、政策。东夏教育被授予“全国学雷锋教育基地”称号后，在各地成立雷锋学习小组，践行红色文化，将学雷锋制度化、体系化。参加雷锋学习小组的人员均为在东夏教育长期服务的爱心志愿者及各地方团队的爱心志愿者，大家共同主动承担社会责任，热诚关爱他人，做扶贫济困、扶弱助残、助学助农、抗疫抗灾的实事、好事，以实际行动促进社会

进步。

东夏教育全国各地学雷锋小组目前已有 37 个团队，2021 年举办的活动达 75 场（截至 2021 年 12 月），志愿者参与人数近千人，辐射人数近万人。

“做好企业，回报社会”是东夏教育平台一直以来的使命坚守和公益理念。面对新冠疫情的肆虐，文国强说：“在疫情中，为社会提供一些力所能及的帮助，是企业应当承担的社会责任，我们与防疫一线人员同坚守。东夏教育平台希望能以微薄之力，为疫情防控保卫战做出贡献。”东夏教育带领全国各地方团队积极投入战“疫”，多渠道收集信息，全力驰援抗疫。东夏教育向武汉和玉林捐赠了共计 29 万余元的防护物资。此外，积极上线多期减压课，助力全民抗疫。2021 年河南发生特大暴雨灾害，东夏教育再次携手东夏全国各地学雷锋小组，捐赠物资共计 30 余万元，共抗灾情，共渡难关！

东夏教育还积极参与“一带一路”中柬友好文化交流活动，同时开展爱心捐助以支持柬方的文化交流事业，积极响应并践行“一带一路”号召，通过文化交流，不断推动中国传统文化“走出去”，让柬埔寨人民共享中华民族智慧的红利，加深了两国友谊。

未来，东夏教育将以更加积极的态度和饱满的热情，着力挖掘优秀传统文化中蕴含的“民族基因、文化血脉、精神命脉”，并赋予其崭新的时代内涵，使其与现代生活深度融合，为优秀传

本
全
面
弘扬雷锋精神 热诚奉献爱心
东夏教育学雷锋小组广西玉林素园团队关爱山区学生感恩教育活动

树我华夏榜样
未来之星亲子成长研学之旅
扬我民族正气

统文化的传承与发展搭建更大的平台，做好新时代中华优秀传统文化的守护者、传播者、践行者、传承者和创新发展者，向世界阐释中华民族禀赋、中华民族特点、中华民族精神，以德服人、以文化人，传承和弘扬中华精神，助力中华民族走向伟大复兴。

《聚焦先锋榜》栏目组提供

星星的孩子

语言，陪伴我们一生。

语言，作为交流的基本工具贯穿在衣食住行中，其重要性不言而喻。对于大多数人来说，流畅说话是再简单不过的事。

但有那么一部分人，他们说话时存在大舌头、口齿不清、唇腭裂导致的说话含糊、听力障碍导致的发音不清、口吃结巴等，流畅说话对于这类有语言障碍的人来说，是难于登天的事。

有那么一部分人，他们的成长比同龄小孩慢很多，在该牙牙学语的年纪，没有语言需求，不理解你说的话，甚至在该上幼儿园的年纪还只会叫“爸爸妈妈”，他们是发育迟缓的孩子。

还有那么一部分人，他们拥有自己的世界，一切的天马行空和任何人都没有关系，他们被称为“星星的孩子”，他们的父母渴望得到帮助。

有那么一个人，他也曾身处逆境；有那么一个团队，2003年至今，初心不改，用自己的专业帮助数以万计的人回归正常生活。

这个故事，带你走近语言障碍矫正领域的实践者——林兆勋，和他带领的星园团队。

2000 年，当全国人民都在欢庆千禧年时，林兆勋迎来了他人生的转折点。

临近毕业，即使自己有严重的社交恐惧症，也不得不迈出找工作的第一步。有严重语言障碍的林兆勋在这个过程中屡屡受挫，那些从小因为语言障碍而被嘲笑、被排挤的过往在眼前浮现，让原本就自卑的他跌入谷底。他一遍遍地问："为什么我不能像别人那样，说一口标准流利的话。"曾经一度以为是自己的生理问题，在走访了各大医院，检查结果都显示没有异常后，2001 年，林兆勋走上了自强之路。

林兆勋在医院、各类特教学校辗转，后又通过函授材料、书籍等不断学习、摸索、实践，经过两年的努力，林兆勋最终成功克服了自身的语言障碍，重拾自信。林兆勋并因此萌生了建立一个语言矫正中心的念头。

为实现自己的目标，林兆勋一方面虚心学习他人教学管理经验，一方面钻研矫正方法，经过不断地研究和改进，积累了大量宝贵经验，总结出了一套独具特色的语言障碍矫正方法。

2002 年，林兆勋回到福建福州筹备办学，几经周折，在 2003 年 4 月成立了福州市仓山区语言康复培训中心。这是一所经当地教育局批准成立的民办学校，也是福建省首家专业性语言障碍矫正学校。

2000 年伊始，人们对语言康复领域的认识严重不足，很大一部分家长，尤其是医疗条件不够发达的城镇或农村，认为这是无法医治的病，有些走投无路的家长甚至用封建迷信的方式祈求孩子可以康复，更有一部分人寻医问药、倾家荡产，却依旧毫无效果。在这种背景下，林兆勋团队面临着巨大的招生困难。

在质疑与争议下，林兆勋团队迎难而上，采取了开创性的举措——先矫正后缴费。

先保证效果，康复后再交学费的举措在此之前从未有过，但林兆勋凭借保证康复效果的底气，在语言康复领域中打响了第一枪。2003—2004 年，康复结业的学员累计突破百人。

2006 年，康复培训业务开始走向全省。随着越来越多学员康复结业，团队逐步被人知晓，除了普龄儿童的语言障碍者外，也有自闭症的家长闻声而来，希望自己的孩子能被接收，但当时团队并没有矫正过这类孩子，在婉拒众多家长的同时，林兆勋开始留意此类儿童，将自闭症儿童的言语开发纳入未来课程研发计划，这也为林兆勋建构语言障碍者及自闭症谱系，为语言发育迟缓等儿童提供一站式康复服务埋下伏笔。

2011 年是乘风破浪的一年。这一年，林兆勋接受了福建省经济频道的专题采访，这意味着团队开始被主流媒体认可。随着时代的发展，网络迅猛发展，获取信息越来越方便，越来越多的家长认识到语言障碍是可以矫正的，也意识到语言障碍对孩子未来发展的危害性。大家都开始积极寻求高效、权威的语言康复机构，四处求医成了这些家长的日常。这些父母面临的最大的问题不是如何矫正康复，而是如何找到权威、正规、有效的康复机构。而林兆勋团队在这几年的发展中，已经在语言矫正行业站稳了脚跟，2012 年矫正康复学员累计超过 4000 人，这不仅在团队发展中具有突破性意义，也给更多需要语言康复的人发出了可靠信息。

没有全民健康，就没有全面小康。“十三五”规划作为全面建成小康社会的收官规划，提出了“推进健康中国建设”等一系列规划、目标和措施。“健康中国建设”为大健康产业发展提供了前所未有的大好机遇。同时，党的十八届五中全会召开后，明确提出了“促进医教结合”“加强专业化特殊教育教师队伍建设”等方针，给特殊教育行业注入一股强心剂。

“大鹏一日同风起，扶摇直上九万里”，林兆勋知道——新的机遇来了！

林兆勋自 2003 年创校后，一直稳步前进，接收并矫正语言障碍患者过万。2016 年，林兆勋团队顺应经济社会发展的趋势和要求，继续在大健康产业发力，为帮助更多特殊儿童，星园团队结合自身技术，以及康复过程中积累的诸多经验，扩大教师团队，培养康复教学精英，研究自闭症谱系障碍儿童发育规律，为实现帮助自闭症儿童进行康复训练的计划，特别增设感统言语开发部，开始接收患有自闭症谱系障碍的孩子，介入广泛性发育障碍领域。

2019 年，在创校的第 17 个年头，福州市仓山区语言康复培训中心作为诚信企业被教育局纳入免检培训机构，并受到了发现之旅频道及中国网等国家级主流媒体的报道，团队终于走向全国。

2020 年，林兆勋创办福州市仓山区星园儿童康复中心，取得了卫生健康局的康复资质，成为残联定点康复机构，学员享受政府补贴。

2022 年公司业务由教育培训行业转型为康复服务行业，福建省星园健康科技有限公司成立。公司发扬“医教结合”的理念，结合多年研发的语言障碍康复技术，帮助更多自闭症谱系儿童进行康复训练，打造“星园”品牌。同年 1 月，星园向国家知识产权局提交了两项语言障碍康复技术专利申请。

自此，未来启航，林兆勋将带领星园团队继续前行。

林兆勋团队是国内最早一批从事语言障碍康复领域的团队，专注技术研发是林兆勋团队不变的追求。

在语言康复方面，设置的康复课程主要有：构音障碍矫正（如功能性语音不清、唇腭裂术后语音矫正）、儿童语言发育迟缓语言开发、儿童自闭症语言开发、儿童口吃语言矫正、感觉统合训练。通过“一对三”小班教学，“一对一”指导的方式进行正音矫正训练。培训根据每个学员的发音特点、语音清晰度综合判断分析，评估语音异常程度，并在此基础上制订矫正方案。矫正培训过程本着学员利益至上的原则，课时充分，实行严格管理制度，同时每位学员均与培训中心签订矫正协议，并录制前后对比视频作为结业的效果依据。

在自闭症谱系康复方面，林兆勋带领星园团队深入学习自闭症谱系康复的系统知识，从大运动、精细动作、认知能力、社交融合、语言开发等方向展开全方位学习并实践，同时结合自身强项，将语言康复领域的技术融入相关内容中，形成具有自身特色的康复体系，建立了团队在自闭症谱系康复领域的核心竞争力。

福州市仓山区语言康复培训中心作为全国最早取得构音障碍矫正培训资质的民办学校，同时也是全国唯一一家敢于接受唇腭裂术后语音矫正过程网络全公开挑战的机构；林兆勋作为语言障碍矫正领域的实践者，有近 20 年的授课经验，累计康复并结业的学员过万，这让林兆勋及其团队在业内拥有绝对权威，甚至在业内流传着这样一句话：“能被林兆勋团队收下来的孩子，就一定有救。”

2003 年至今，回想近 20 年的心路历程，林兆勋总是感慨万千。一名严重的语言障碍患者，凭借顽强的毅力，通过不断摸索实践，最终成功克服自身语言障碍的事迹激励无数人；因为感同身受，深知语言障碍患者内心最真实的渴望，所以帮助这个群体改变，成为林兆勋这些年来一直坚持做的事，“效果”这个词他总挂在嘴边，所以，中心在办学19年里，在普龄儿童语言障碍康复效果方面一直保持零投诉。

林兆勋见过3岁没有发音、没有目光对视、没有指令的孩子在半年的时间里开口说话，从一个字，到一个词组，再到一个短句的飞跃性进步，见证他从被幼儿园拒绝，到重新被接纳的历程；见证过一个个家长从无奈、无措、担心，再到看到孩子进步后的惊喜、惊讶、喜极而泣；也矫正过很多和他一样被语言障碍困扰的成年人，感受过他们那种“没有人愿意接纳我”的无助，那种被全世界抛弃的绝望。

一个学员的康复，带来的是一个家庭的希望，上万名康复的学员，便是万千家庭的缩影，每一句感谢的背后，都有不为人知的伤心过往和破茧成蝶后的如释重负，一声声“谢谢”，道出的是感谢，更是语言障碍者及其家庭由衷的心声。

一点又一点的微光聚集而成的是万家灯火。

寒来暑往，一批又一批的学员从星园结业，来时心事重重，回时神采奕奕，他们回家的背影，化作微光，照亮每一个家，也开启了他们明媚、充满未知的光明人生。

淋过雨的人总想为别人撑伞，正是这份由己及人的感同身受使得林兆勋一直把做有效果的康复放在团队目标首位。

“穷则独善其身，达则兼济天下”，那就尽己所能，无愧于心。

不忘初心，方得始终。2003 年至今，林兆勋及团队心火不灭，这或许就是坚守的力量。

《聚焦先锋榜》栏目组提供

鹤飞南翔，饮水百岁

人生因梦想而伟大，怀揣梦想的人生才更有意义，寿展鸿就是这么一个喜欢追逐梦想的企业家。17 岁那年，他在宝钢工业学校操场上暗自发誓，未来一定要努力奋斗，创造一番属于自己的辉煌人生。可后来，令大家没有想到的是，寿展鸿的人生并没有朝着自己预计的轨迹前行。

1995 年，年仅 21 岁的寿展鸿，因突如其来的一场大病，与死神擦肩而过。之后，经过很长一段时间的治疗，他又重新站了起来，并对生命有了新的体会。他回忆道："当只能在病床上坐着，不能走路，从高楼望下去，看到地面如蚂蚁一样的人在马路上行走，都感觉是一种奢望、一种幸福，那时才体会到生命的可贵，健康的重要。病好之后，我就在想究竟什么东西才是决定生命、影响健康本源的呢？阳光、空气和水。可阳光和空气我没法控制，但水我可以选择，要是能够找到一款'好水'来为生命健康保驾护航，这岂不是一件很有意义的事啊。"为了追逐梦想，也为了自己所遭受的痛苦不再在其他人身上重复上演，希望人们能少患疾病，健康长寿，长命百岁。寿展鸿将自己的决定与“好水”连接在一起，努力构造人类健康屏障，惠及社会大众，真正像水一样——润物无声，却滋养万物，而这也正是他创立健康饮品“贺百岁”的初衷。

《本草纲目》中记载：“水乃百药之王。”美国著名医学博士巴特曼写过一本书《水是最好的药》，而在水污染日益严峻的当下，想要喝到好水却成了一大难题。甚至，人们对于饮用水，也存在很多误区：第一，水越纯净越好。健康人体的体液是弱碱性的，纯净水不仅没有任何矿物质和微量元素，且呈弱酸性，若长期饮用没有营养的酸性水，体内环境将受到破坏，免疫力将随之下降，关键是长期缺乏矿物质和微量元素，更易生病。第二，喝水只为解渴，口渴了才喝水。实际上，只有细胞吸收足够的水分，才能有效促进新陈代谢，平衡身体健康，等感觉到口渴时，其实细胞已经严重缺水甚至脱水了。第三，误认为软水比硬水更好，其实喝适当硬度的水会更有利于健康（世界卫生组织建议最佳区间是 150 ～ 300mg/L，以碳酸钙为计算标准）。第四，把饮料当水喝。由于大多数饮料中含有甜蜜素、香精、色素、稳定剂和防腐剂等，含有大量脱水因子，因此，不仅无法真正起到“补水”的作用，还会越喝越渴，并降低食欲，影响消化和吸收，长期喝饮料，甚至把饮料当水喝，会引发身体很多问题甚至生病。

多年来，寿展鸿提出并倡导饮用水健康，并致力于打造一款安全健康、无污染、矿物质含量丰富且比例均衡的天然小分子团水产品。苦心人，天不负，于 2005 年，他终于发现并找到优质的水源，在世界养生地标——广西巴马。他在 2009 年创立了南山生物科技有限公司（以下简称南山生物），把十几年对水的研究赋予在企业上。

巴马瑶族自治县，位于广西西北部，被誉为“世界长寿之乡”，国际自然医学会会长森下敬一赞誉巴马为“人间遗落的一块净土”。贺百岁水源又是广西巴马水中的佼佼者，该处水源是在 2009 年水厂创立之初，在三家科研单位专家的陪同下，从巴马地区 36 口井中甄选出来的品质最好的井，事实证明当初的努力没有白费，奠定了今天贺百岁品牌过硬的品质、卓尔不凡的市场竞争力和稳健、永续发展的强大生命力。

取其精华，去其糟粕，遵循中医五千年养生理念，以李时珍《本草纲目》提出的“药食同源”为理论，以“医圣”张仲景的千年古方为基础，精选药食同源的天然高品质的上等食材为原料，并采用现代生物高科技萃取技术，由北京晋坤堂中医研究院研发，历时整整 10 年，光调口味就花了 5 年时间，正所谓十年磨一剑，传承创新研制，贺百岁品牌系列产品——趣湿茶、好觉茶等纯植物、无添加的健康养生饮品一一面世。

金杯银杯不如老百姓的口碑，产品一经推出便获得热烈的市场反响，好茶好水好人生，健康长寿贺百岁。贺百岁系列产品集口感、安全、健康于一体，同时迎合了当下消费者群体的喜好，瓶身设计也极具美感。

“福如东海不如恭贺百岁”，南山生物以国际化、现代化、专业化的经营理念为导向，为关注生命健康、品质生活的人群提供优质服务，致力于打造天然、安全、养生的健康饮品生产与销售。当前，南山生物凭借天然优势，铸造精品品质，构筑健康屏障，旨在帮助人们将健康牢牢紧握手中。贺百岁活泉水采用的是巴马喀斯特地貌下的天然饮用水，属于硬度适中的水，其矿物质含量丰富。一瓶贺百岁活泉水的钙含量约等于5个苹果的含钙量，关键是天然的离子钙，易于被人体充分全面吸收，且拥有丰富的对人体有益的矿物质，比例均衡，是真正给细胞喝的水。此外，贺百岁活泉水属于非人工制作的，被自然强磁磁化、碱化、矿化多年，在地下2000米左右深部岩层形成的永磁天然小分子团水，且恒温恒质恒量，活性极高，具有更强更快的溶解渗透力，更有助于人体的吸收。物以稀为贵，这才是大自然和上苍赐予寿展鸿最好的礼物。

今天看来，巴马水源的发现，让南山生物有了拳头产品，但在寿展鸿看来，企业要想长久地可持续发展下去，还要不断发现新动能。而这项新动能就来自他长期学习中医药。2006年，寿展鸿拜山东德州著名中医耿玉河为师，学习中医理论知识与中医药文化。耿先生传授道：“中医是辩证哲学思想，每一个人的病情都不同，所采用的治疗方法也就不同。”对于当时拥有 10 年世界五百强工作经验的寿展鸿来说，看似普通的一句话，想要更好地推广弘扬中医药文化，还需要标准化的发展思路才行。2015 年，他又拜到上海市健康促进委员会特聘专家林志勇门下，学习中医药的药食同源理论知识，这一学就是 6 年之久，他立志要生产一款真正适合大众的标准化健康产品。根据国家大健康战略理念，树立大健康理念体系首先是需要建立起健康的价值观，健康不只是个人最宝贵的财富，也是社会资产，维护健康更是一种社会责任；企业要在其中担当重要的角色，一方面专注于某一个领域的一两个产品进行突破，另一方面普及生命科学，树立健康文明观念，防患于未然才是上策。

随着新冠疫情的持续，未来病毒可能将长期与人类共存，中医讲最好的对抗病毒的方法就是祛湿、排毒、提高免疫力，正所谓“正气存内，邪不可干”。南山生物推出的贺百岁趣湿茶，做到了“三无”“八零”的行业新标准，三无：无重金属、无农残、无黄曲霉素；八零：零糖、零脂、零防腐剂、零色素、零香精、零甜蜜素、零激素、零食用胶。寿展鸿说：“一定用铁皮石斛、白扁豆花、藿香、芡实、淡竹叶、赤小豆、山药、薏苡仁、橘皮、干荷叶、茯苓、生山楂等十多味药食两用的高品质食材，秉承不添加、造福社会的理念，历经 1460 余天口感调试，做到不甜不腻，

绵香甘醇，老人、小孩都可以饮用，塑造真正属于中国的健康饮品品牌。既体现中医药食养文化之魅力，又让世界更好地了解中国、了解中医，与西方的碳酸饮料、可乐和咖啡等产品文化形成鲜明对比。”

21世纪产业研究院联合京东大数据研究院共同发布的《2021水饮创新趋势报告》显示，2020年，水饮市场已达到6737.6亿元，5年复合增速1.5%，到2025年，市场规模将达到7208.3亿元，年复合增速2.8%，水饮赛道细分品类持续分化。同样，随着当今生物科技产业化的快速发展，国内外许多国家将生物科技产业作为新的经济增长点，加速抢占“生物经济”制高点。对此，寿展鸿说：“基于此前景，南山生物未来 3 ～ 5 年的发展规划是成为行业标杆，走进千家万户，走向世界舞台。同时，也助力‘健康中国 2030’战略实施，将药食同源的中医康养理念发扬光大。”此外，目前日本仅从张仲景所著的《伤寒论》一书的中医古方中，就抢先申请了 200 多个药品专利，作为中医药文化的传播者和践行者的南山生物，也将拉杆扬帆，持续奋进，做大做强民族品牌，保护传承民族文化之瑰宝。

责任在肩，使命在心。南山生物在寿展鸿的带领下，不仅坚守产品品质，还不断践行企业的社会责任。多年来，南山生物不间断地为各地多家孤儿院、养老院等进行捐赠，特别是在疫情暴发的三年中，也是不断捐款捐物。对此，寿展鸿只是轻轻略过：“这是作为企业家应当履行的义务，未来南山生物也将竭尽所能贡献更多力量。”

秉务实初心，铸行业巅峰。在大健康为主导的今天，人们对健康的需求越来越迫切，虽说市场上的健康产品犹如雨后春笋，但寿展鸿依旧是信心满满，因为他坚信“品质赢天下”。

《纪录东方》栏目组提供

在电商赛道加速奔跑

“平台企业要发挥优势，担当作为，承担起更多的社会责任，以高质量发展打造共同富裕新样板，为社会创造出更多价值。”浙江顺联网络科技有限公司董事长、顺联动力平台创始人郭洪安在接受媒体采访时这样说道。

这位“80后”创业者，从2004年投身互联网创办电子商务网站，到2015年创建电商平台顺联动力；从一位普通创业青年，到风云浙商提名人物。郭洪安在互联网创业的路上探索前进，并带领顺联动力在电商赛道上加速奔跑。

在郭洪安身上，我们看到当代中国企业家在改革浪潮中砥砺奋进、勇于拼搏的精神，而这一切都源于他对互联网创业梦想的坚持。

郭洪安，1981年出生于浙江省丽水市缙云县，他童年吃的苦多过于甜。家境称不上富裕，父亲又在他4岁时不幸逝世，母亲靠着药材生意支撑着家庭，出差是常有的事，郭洪安和弟弟从小生活在外婆家。

生活的不易让郭洪安比同龄人更加懂事，他早早就进入工厂实习，想为母亲、为家庭分担些压力。2004 年，大学毕业后的郭洪安回到了家乡丽水。此时，经历了几年的艰苦创业，他的母亲已经从最初的药材生意转行照明行业，郭洪安选择先去母亲的企业里当一个网络推广专员，积累工作经验。

结合所学专业知识，他潜心研究线上推广工作，取得了不错的成绩。“那个时代很多人不大相信互联网，就是最早的这一批敢‘吃螃蟹’的人能够抓住机遇。”郭洪安说。

首次尝到互联网甜头的郭洪安敏锐地意识到，互联网时代就要来临，于是萌生出利用互联网电商服务为传统企业创收增收的想法。凭借着一台老式电脑和一张办公桌，他创办了浙江顺联网络科技有限公司，成为早期互联网创业的一员。

10 年的发展和坚持，郭洪安和他的小团队，在寂静中等待，等待一个合适的时机。而这 10 年，政府简政放权，推动创业创新，激发市场活力，互联网迎来新生。

郭洪安摩拳擦掌，对创业这件事充满了热爱和韧性，不管别人认为这条路适不适合他，他都要走下去，并向更大的市场进发。

2015 年，赶上国家“双创”浪潮，移动互联网正处在风口之上。这一年的 10 月 1 日，郭洪安创建的以社交电商为载体，主打“0”

元开店理念的顺联动力商城正式上线运营。

“我们属于新电商平台，是通过口碑分享的私域电商”，郭洪安介绍，在传统的电商交易场景中，创客店主开店之前的门槛相对来说是比较高的。顺联动力所做的，则是将这一门槛铲平，让所有有梦想的普通创业者，更加轻松地迈出第一步。

在移动互联网日新月异的今天，郭洪安是敢于“吃螃蟹”的人。他带领着顺联动力立足丽水，面向全国，走出了一条独具特色的电商平台发展之路，特别在电商助农、创业就业等方面取得了丰硕成果和社会价值。

截至目前，顺联动力平台汇集数千家品牌厂商，拥有1200万名店主（B端）和9000多万名用户。2018年，顺联动力被《浙商》杂志报道，“绿水青山走出的独角兽”，其“双创”案例入选国家发改委战略新兴产业案例《领跑》汇编，平台入选“国家服务业标准化试点项目”；2019年，顺联动力入选浙江省重点培育电商平台企业名单，并相继获得“浙江省重点培育电商平台企业”“2020网络扶贫典型案例”“2021年度最具发展力电商平台”等多项荣誉奖项。

深耕互联网行业18年，郭洪安对电商创业倾注了满腔热情。自新冠疫情暴发以来，顺联动力积极帮助线下商家、企业实现数字化转型，助力中小企业去库存、扩销路，解决工厂生产经营困难。

“企业要有责任感和使命感，以义取利，发挥优势，担当作为，为社会创造更多价值。”在多个场合，郭洪安都提到了企业责任，让社会责任为企业文化注魂是他创业以来的不变坚守。

顺联动力的发展稳健扎实，但郭洪安的雄心远不止于此。现有成绩是动力，更是鞭策，未来仍有更多的可能与期待。

作为深耕数字经济领域多年的新电商企业。顺联动力利用数字化资源优势，为农村产业与互联网牵线搭桥，插上腾飞的“翅膀”。平台围绕“供应链+”服务，扎根下沉市场，换来难得的发展机遇。

2016年，缙云县北坑村因为地处偏远，交通不便，10万斤小黄姜滞销，村民们万分焦急。在此紧要关头，县政府和县团委牵头，顺联动力平台发起了高山有机小黄姜慈善义卖活动。10万斤小黄姜很快销售一空，村民们一年的辛苦没有付诸东流。经此一事，郭洪安坚定了助农扶农的决心。

以“互联网＋农业”“互联网＋直播”为驱动，顺联动力通过“平台会员推荐＋地方政府扶持”的方式，积极与各地电商中心、乡村振兴局、农业合作社等联系合作，以农产品为首要切入口，郭洪安在平台上设立了29家线上特产馆，聚集各地农产品，帮助优质农产品“上线、进城”，助农帮销、惠农富农。

在2019年中国农村电商大会上，顺联动力在原有的农创战略基础上，升级发布了优农计划。该计划通过“培养千名致富能人、开设千家县域特产馆、打造千款农产品爆品、举办千场惠农活动”，在资源赋能、渠道赋能、技术赋能、知识赋能四大方面齐头并进，为乡村产业振兴助力。

作为从绿水青山中走出来的创业者，郭洪安更加懂得小镇青年自主创业的重要性。郭洪安认为，乡村振兴的最大动力来源于乡村本身，若能催动其内生动力的增长，那么实现乡村振兴不过是时间早晚的问题。由此，顺联动力还着手培育了一批“互联网新农人”，他们以手机为新“农具”，开展线上直播推广，推动线下产品销售。

6年多来，顺联动力已累计带动3万多件农产品上线销售。

海南蜜瓜、舟山海蟹、四川茂县李子、吉林人参等农产品通过顺联动力平台走向千家万户，从盛产滞销到线上脱销，精准实现助农增收。平台助农成果多次被新华社、央视等媒体报道。

在郭洪安看来，新电商平台的主要优势是利用数字技术实现产销对接，借助社交分享的力量，顺联动力获得了下沉市场的海量用户，他们在自己的人际关系网络中发挥着重要的纽带作用。

经历 6 年小跑，顺联动力凭借“差异化 + 品质”服务，在下沉市场中不断触及更多未被发掘的流量，正朝着高质量发展的方向快速前进。

2021 年 3 月，顺联动力正式开启全国路演，迈向上市之路。“进入资本市场，我们的目的是创造更好的发展平台，实现更大的社会价值。比如农产品销售方面，前期我们做了很多的补贴，销售得也不错，而有了资本的加持，我们能惠及更多的农产品，将扩大原有的业务规模，打造更加优质的平台生态供应链，提升公司品牌价值和综合竞争力；对于平台用户和店主而言，能够享受到更多优质的商品、服务和推广收益。”郭洪安这样讲道。

共同富裕是一场深刻的社会变革，高质量发展、建设共同富裕示范区是一项开创性事业。顺联动力等新电商企业亦结合自身的数字和科技能力，在诸如低收入人群增收等民生领域提供持续助力。

在郭洪安的带领下，顺联动力一直秉承“双创”理念，多方位赋能农村产业链、中小企业及个体创业者，为他们提供互联网生态的变现接入口，让更多的人能够找到自己实现富裕的突破口。

在带动就业方面，早在2015年创建初期，顺联动力即实行“免费入驻开店”机制，帮助农村青年、家庭主妇、下岗工人以及大学生等群体实现零门槛创业。多年来，通过顺联动力平台全职创业的达数万人，兼职创业的逾百万人，在带动供货商订单增长的同时创造了更多的岗位和就业机会。

值得一提的是，作为赋能个体创业的电商平台企业，为了更好地帮助品牌企业及平台店主，助力全民创业就业，平台亦在不断迭代更新。2020年4月，顺联动力官宣直播间内测版正式开启，通过打造“直播+电商”体系，全面开放平台供应链及技术力量，全方位地为个体小微创业者提供更高效的支持。

在平台服务方面，顺联动力通过“电商+直播带货”新模式，向外推动农产品输出，向内引入国外优质供应链产品，形成了国内国际双循环的巨大市场动力。

“我们会打造更多娱乐化场景，为消费者带来更多好产品及高品质的服务，让消费者真正‘购’有趣，‘购’开心”，郭洪安表示，接下来，顺联动力会不断创新，继续为国家个体经济发展及大众副业发展提供助力，让生活更美好。

在数字信息时代，互联网企业提供的信息服务受众之广是任何传统企业都无法比拟的。而像顺联动力这样的互联网创新平台企业，以信息平等促进财富机会平等，自带“共富”属性，是“共同富裕”的实践者。在中国，还有更多像郭洪安一样为共同富裕奋战的企业带头人，他们以强烈的责任感和使命感，发挥优势，担当作为，成为高质量发展建设共同富裕的中坚力量。

作为平台创始人的郭洪安，离自己创业当初的梦想越来越近，成功的背后却也有自己的“烦恼”，陪伴家人的时间太少了。

他女儿的班主任和他说：老师布置了一个家庭作业，要求画一张“全家福”。一年级的女儿画的是一家人在草地上追逐玩耍，画中有妈妈、哥哥和自己，唯独少了爸爸。老师问女儿，为什么爸爸不在画里？女儿说：因为爸爸一直在忙，没时间陪自己玩。这件事，给郭洪安留下了很深刻的印象。但是他说，他不能停下来，因为在他的身后，还站着9000多万名平台用户，他要集中精力打造共同富裕电商新样板，带领大家一起奔赴美好生活。

对于未来，郭洪安把更多的期望放在了新一代的创业者身上：“创业不一定是要自己当老板，在一个岗位上踏踏实实地去奋斗，这也是一种‘创业’。只要认准目标，坚持梦想，足够努力，就一定有实现的那一天。”

《纪录东方》栏目组提供

以雷锋为榜样

关祥祖，1949 年出生于云南禄劝彝族苗族自治县则黑乡万德村，父母都是穷山沟里地地道道的农民。穷人家的孩子早当家，从小他就帮家里分担家务，上山拾柴，下地打猪草，用家里的人工石磨磨面，做饭，洗衣服……艰苦的童年磨炼了他的意志。

对关祥祖来说，生活带给他太多磨砺，求知求学成了他生命最需要的精神食粮，宁可饿着肚子，也要走入学堂读书。在那个年代，他深知读书是改变命运的唯一出路。那时家里没有什么钱供他读书，他只有靠劳动养活自己。他的生活费来源主要是上山打柴，卖给食堂。早上 6 点出发，下午 5 点背回一捆柴，大约能卖 4 元钱，买的饭票够生活一个星期。冬天就到山上摘野果子充饥，春天白薯地里的白薯发芽了，就挖野生白薯充饥。

尽管生活如此艰辛，但关祥祖懂得“自古英雄多磨难，从来纨绔少伟男”“我贫穷我奋斗”的道理，他在学习上刻苦努力，生活上严格要求自己，从小学到中学，成绩都名列前茅。1963 年，全国响应毛主席的号召，大街小巷都在传颂雷锋精神，雷锋的形象深深地扎进了年仅 14 岁的关祥祖心中， 他把雷锋当作人生的榜样和学习的标杆，把雷锋精神奉为自己的人生指导思想，并把这种精神践行到生活和工作中。关祥祖的学生时代、军旅生涯、工作和创业阶段，雷锋一直是他人生的标杆，雷锋精神成为他奋力前行的强大力量。

1966 年 10 月 8 日，在禄劝县农业中学就读的他，被推选去北京见毛主席，周总理把云南的代表队安排在观礼台，接受毛主席检阅。

1968 年 4 月，关祥祖光荣入伍，穿上了军装，扛起了枪，成为一名光荣的解放军战士，担负起保家卫国的神圣使命。这个从 14 岁就开始学雷锋的小伙到部队后，事事处处以雷锋为榜样，除了认真锻炼，努力学习，干好自己的本职工作外，他常常利用自己的休息时间做好事。正因为他这种奉献精神和出色表现，组织对他非常认可，年年被评为“五好战士”，入伍半年被提拔为副班长，一年就晋升为班长。1969 年 10 月，被推选参加楚雄军分区、昆明警备区、云南省军区学习毛主席著作的积极分子代表大会。这在当时“祖国山河一片红”的年代里，能有这样的经历十分光荣。

军营是所“大学校”，他在这所“大学校”里学政治、学军事，磨炼军人的作风、性格和品质。三年的军旅生涯，锻造了关祥祖强健的体魄、刚强的意志、坚韧的品德和良好的军人作风，成为他今后干事创业的宝贵财富。

1971 年 4 月，在县武装部的推荐和支持下，关祥祖作为禄劝县有幸进入高等院校的三名学子之一，成为云南省第一届工农兵大学生。离开军营进入大学， 成为他人生中的重大转折。

退伍不退军人本色，上大学的关祥祖，把部队的光荣传统带到大学里面，他以雷锋为榜样，争做好事不留名，加上学习成绩优异，特别是在中医学方面成绩突出，入学半年被领导批准担任党小组长、班长。

1974 年 10 月毕业时，云南中医学院要 5 名毕业生留校当老师，由于关祥祖读书期间表现突出，第一个被批准留校，分配在伤寒教研室工作，后担任云南中医学院民族医药研究室主任。历任云南省民族民间医药研究会常务理事兼秘书长、中国民族民间医药研究会秘书长等职务，先后发表学术论文 62 篇，出版学术著作《彝族医药学》等 26 部，完成省级科研课题 3 个。

44 年的人生积淀，让他更加清楚了自己的目标，一种从未有过的感情顿时涌上心头。恰逢此时，国家出台了鼓励社会各界创办民办学校的政策，他更有如沐春风的快意，办一所专门培养民族医药人才的职业学院的构思很快在他脑海中成型。1994 年，关祥祖怀着对教育事业的赤诚情怀和不屈不挠的奋斗精神开始了漫漫创业之路。创业之初的他，兜里只有省吃俭用节约下来的钱，加上微薄的稿费收入，共一万多元。这点资金，与办学所需的宽敞的教学大楼、学生宿舍和食堂、教学所需的仪器设备等相距甚远。

然而，关祥祖是一个踏实又非常勤奋的人，只要是他确定要做的事，他便会披荆斩棘，勇往直前，不达目的决不罢休。他骑着一辆金鸡牌旧自行车，带着炽热的情怀和奋斗的干劲，走遍了昆明市区的大街小巷，跑遍了昆明近郊的东西南北，拜访了与教育有关的大小单位……四个多月，他每天骑自行车奔波二三十公里，累计行程两千多公里。经过近半年的艰辛筹备，1994 年 6 月 10 日，"南方民族医药培训学校"在昆明北郊上庄解放军被服厂的军需库（仓库）如期开学。在事业上迈出成功的第一步，更加坚定了他创业的决心，他充满了干劲。

随着国家对职业教育的重视，经过十多年的发展壮大，老校区已不适应"新兴"的发展，也不适应形势的发展，学校需要选择新的地点建设新校区。2019 年，在全国决战决胜脱贫攻坚、全面建成小康社会前夕，他凭着坚定的理想信念，排除万难、一往无前，带着两个工作人员，在新校区建筑工地与工人干在一起、吃在一起、住在一起。仅 10 个多月，一所占地 700 余亩、气势恢宏的学校便在革命老区——禄劝彝族苗族自治县建好了。这是老兵关祥祖对革命老区深厚感情的体现，俗话说，办一所学校带富一方人，把一所高校建在革命老区，也是最精准的扶贫和最持久的脱贫之策。

新校区的建成和顺利搬迁，再次彰显退伍老兵关祥祖“退伍不褪色，退役不退志”的干事创业的精气神，也是老兵对家乡经济建设的情怀，也由此提炼出了云南新兴职业学院的“六种精神”。

回顾创业办学历程，从租房办学到租地办学，从买房办学到征地办学，关祥祖曾经也经历过低谷，学校甚至走入过绝境，但关祥祖从来没有屈服过，因为他有理想、有信念、有抱负，一直保持着军人本色，为退伍老兵争光。无数个早晨，他总是迎着朝霞，开始一天繁忙的工作；无数个夜晚，他总是在所有师生都休息后，仍秉烛伏案，耕耘不辍。老骥伏枥，壮心不已。经过20多年的艰辛努力，走出了一条“以质量求生存，以特色求发展”的创业之路。

关祥祖深知，学生在青年时期形成的心理素质和思想观念对其今后的人生发展道路极为重要。为了营造良好的文化氛围，让学生在校期间受到好的思想品德教育，他利用新校区得天独厚的红色资源，着力打造社会主义核心价值观示范基地，多措并举地将社会主义核心价值观融入学校教育教学和思政工作等方面。以学习践行雷锋精神、中华优秀传统文化为抓手，围绕立德树人的根本任务，把社会主义核心价值观贯穿教育教学全过程。2022 年 3 月 5 日，《人民代表报》“形象展示”栏目，以“发挥引领示范作用凝聚共同价值追求”为题，用整版篇幅对学校培育和践行社会主义核心价值观的做法、经验和成效做了深入细致的报道。

一是充分发挥雷锋精神在校园的榜样作用。在关祥祖的示范引领下，师生助人为乐、无偿献血、尊老爱幼等事迹在校园中蔚然成风，协助社区开展疫情防控、垃圾清理、健康知识讲座、健康体检任务已是学生的常规活动。

2020 年新冠疫情最严重的时候，沈龙、张叶春雯、史璇琦等数名毕业生随云南医护人员组成的第一批援鄂医疗队前往武汉开展为期 56 天的医疗援助工作；2022 年，学校 4 名党员教师，主动承担起隔离考场监考、试卷护送等一线工作，在上级招考部门和疫情防控部门的指导下，为隔离点考生做好考试服务，向高度关注本次考试安全的社会公众交出了一份圆满的答卷，这些既是学校师生践行社会主义核心价值观的行动，也是师生传承雷锋精神的生动写照。

二是充分发挥中华优秀传统文化的滋养作用，学习和践行中华优秀传统文化。近十年来，学校运用中华优秀传统文化育人的效果得到云南省文明办、省委教育工委、省教育厅和社会各界的广泛认可和赞誉，学校“打造文化品牌 践行孝道人生”的活动荣获高校文化节“一校一品”校园文化优秀成果二等奖，在“礼敬中华优秀传统文化”经典诵读展示活动中荣获三等奖。

三是创建红色校园，充分发挥红色校园文化在立德树人中的铸魂功能。在校园中建长1500米的长征壁画、2400平方米的红军长征纪念馆等红色文化育人场所。弘扬长征精神，传承红色基因，为师生员工深度体验和感受伟大长征精神提供学习场所，增进师生对党、对国家、对人民的深厚感情。同时，组建师、生两支宣讲队，结合学校周边的红色革命事迹、遗址和红色校园文化，制订宣讲实施方案，精心设计宣讲内容。为了体现特色和独创，他亲自提出“五四四”培养工程，即“唱响五首红军歌曲，讲好四个红军故事，编演四场红军话剧”，该项活动已广泛开展，深受广大师生喜爱，学校荣获云南省学习党史办公室颁发的“云岭百姓宣讲”示范点称号。自2021年7月至今，学校共接待各级党政机关、企事业单位、高等学校、医院、民间团体等参观学习100余次，人数达12000余人次；云南28所高等学校党委书记到校考察学习、交流工作，校园红色文化已成为省内党史学习教育“网红打卡点”。

关祥祖一直注重脱贫先脱智，本着“培养出一个大学生、脱贫一个家庭”的教育扶贫理念，保证全程资助贫困家庭学生从入学到毕业，确保贫困学生不因家庭经济困难而失学。通过免除学费，提供校园勤工俭学岗位等，多方式、多渠道减轻贫困大学生的家庭经济负担。近年来，为40余名校内就读的贫困学生免除学费。

建桥铺路、捐物捐款、建住房送乡亲……在禄劝县则黑乡万德村，关祥祖“不是亲人胜似亲人”，深受当地政府和乡亲的好评。2017 年他被评为“禄劝好人”“昆明好人”“最美昆明人”，2018 年被评为“云南好人”、第五届“昆明道德模范”，2020 年被评为“中国好人”“云南省社会扶贫模范”。

《筑梦新时代》栏目组提供

苏醒

医院是一个奇妙的存在，没人想去医院，但生活离不开医院。

上海好望角医院是一家二级综合医院，这是中国最大的主打神经重症康复的医院之一。这里的神经重症康复科有点特别，病区里几乎听不到哭泣、尖叫，看不到鲜血。你走进病房时，看到的是人与人之间最淳朴的感情。

这里几百个床位的病区已经接近满员，病人近 1/3 是“植物人”。他们除了保留一些本能性的神经反射和物质及能量的代谢能力外，认知能力已丧失，暂无任何主动活动。他们处在恢复较慢的植物状态，苏醒并恢复功能是家属共同的期望。这些患者大都经历过交通事故、高空坠落等意外；或发生过各种缺氧、缺血性脑病，如心跳、呼吸骤停，溺水等；或发生过各种脑血管意外，如脑出血、脑梗塞和动脉瘤破裂出血等；还有一些是中枢神经系统感染、一氧化碳中毒、麻醉意外等。他们在生死攸关的时刻，经过急救、度过危险期、恢复基本生命体征后，被辗转送到这里。

这些被称为“植物人”的患者，是一个庞大的群体，根据2017年的报道，中国植物人保守估计有40万人，并以每年近10万例的速度在增长。

医院的康复大厅里，患者的动作都很缓慢，有的患者在轮椅上脑袋歪向一旁，双眼无神。担架和推床来来回回，躺在上面的人被送到检查室、康复厅、高压氧舱或病房。

路璐是上海好望角医院的医疗副院长，也是高康健康管理有限公司的总经理。一双炯炯有神的眼睛总是伴有大大的黑眼圈，他快速地穿过医院的走廊，走进康复大厅，这是医院里最有生气的地方，摆放着各种康复设备，这里也是躺在病床上的患者们最想来的地方，苏醒是他们最急切的需求，而康复是他们回归家庭、回归生活的必经之路。

疾病和灾难，让患者和家属感慨着命途多舛，人生无常，但相对那些永远逝去的生命和持续植物人状态的患者来说，逐渐好转已是他们不幸中的万幸。

一阵铃声响起，路璐的手机突然来电：“喂，路院吗？氧舱的病人有点情况。”路璐接完电话，快步赶去高压氧舱。

在高压氧舱进行治疗的时候，两位病人突发心动过速，路璐赶到的时候，舱内的两位病人已转移至中转舱。舱外监控室内的医生已经开始减压，持续30分钟的减压是必经的过程，这段时间是必不可少的，否则突然的减压会导致减压病的发生。路璐在监控室仔细观察氧舱内的动态和各项指标，通过通信设备指挥氧舱内的值班医生施救，大家虽匆忙但并无慌乱，看得出来，这是一个突发事件，而这样的突发事件对他们来说却是常态。

两位病人经过及时的治疗与施救，最终有惊无险。

高压氧舱是神经康复治疗中的积极手段之一，重症患者进行高压氧治疗成本高昂，且从业人员的资质及经验尤为重要。一般的康复中心由于各种原因未开展此项治疗，神经重症康复这个科室患者病情重、医务人员责任重、家属负担重、医院风险高，一般医院往往不设此科室。且很多公立医院只有高压氧舱门诊治疗，住院治疗却没有。高压氧在神经重症损伤治疗方面有极其重要的作用，很多处于昏迷的患者大都气管被切开，早期的高压氧治疗对于神经功能的恢复十分重要，若等到病情平稳拔除套管时再进行高压氧治疗，早已错过黄金治疗期。

植物人的治疗就像是一场马拉松，即使你选择奔跑下去，也不一定能到达终点，在前进的路上，许多人都悄无声息地消失了。正常人的生，是向死而生；植物人的生，是向生而死。对于患者来说，活着的每一分钟，都是自我与世界的对抗，存在与死亡的僵持。相比植物人自身的战斗，病床之外，他们的家庭则直接面对着最赤裸裸最现实的人性考验。站在伦理与生存的悬崖之上，每个家庭正被迫或主动地做出各种选择。人生的牌桌上摊着许多牌，你不知道自己揭开的这张牌会带来什么结果。对于患者的家

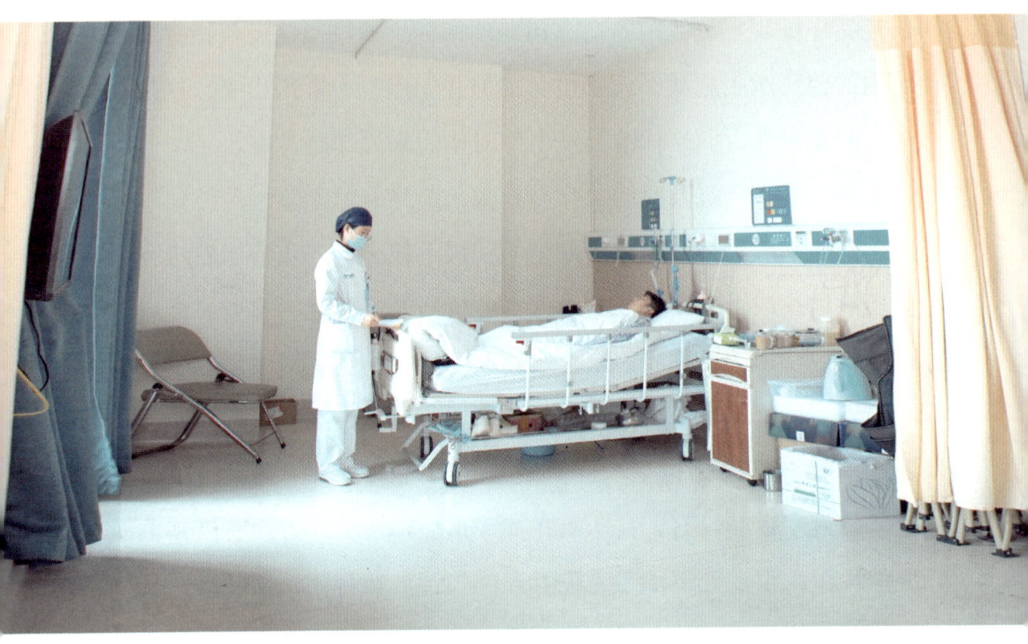

属来说，健康的人比躺下的人，活得更难。

路璐的脑海中有一张清晰的“意外编年史”：2010 年，中国酒驾入刑前，绝大多数植物人都是因为交通意外入院的；2010 年后，市区改造，上海市使用煤气的老小区，常常送来因为一氧化碳中毒丧失意识的病人——有一年，四位老人打麻将，炉子里的水溢出来浇灭了火焰，他们同时被送往医院；高楼大厦拔地而起，又使得高层坠物伤人事件增多；近几年，外卖市场的兴起，常常有外卖员或老人因为交通意外变成植物人……

据路璐描述，十年前，一座高楼的一个广告牌掉下来，砸到了路过的一对外地打工夫妇。妻子受轻伤，而丈夫陷入昏迷不醒状态。三个月后，他进入了最小意识状态，眼睛有了视物跟踪等积极的复苏信号，有极大的概率恢复。但就在他真正恢复之前，亲属强行把他拉回家里。当时还是管床医生的路璐百般劝阻，病人妻子流着泪说："他醒来后，赔偿数额就会减半，就算他苏醒，也丧失了劳动能力，我还有两个未成年的孩子。"路璐一时无话可说。病人离开医院一个月后，就在家中去世。

有一位老先生在昏迷后，家中三个儿媳为谁该多付医药费大打出手。

还有一位 40 多岁的中年人，婚外情多年，财产都转移到了情人处。成为植物人后，妻子没有钱也没有心情去照顾他，情人也人间蒸发。孤零零去世后，连尸体也无人认领。

疾病面前，人性立马被置于巨大的考验中。都说医院最考验人性，但在医院能看到的更多的是人性的诚挚与善良。像父母对孩子的感情，小患者们不管花多少治疗费用，父母都要求坚持治疗。以往的治疗经验中，家人的陪伴有利于植物人的康复。"家庭和睦的病人，恢复得都比较快。"路璐诚恳地说。

这些年，每年有近 10 万人因为各种意外成为意识障碍患者。这也正是医疗进步的尴尬之处，急救提高了颅脑损伤患者的存活率，但却没有办法把他们救醒。

路璐觉得自己创业的时机很巧。近年来，医保越来越侧重于康复领域，上海好望角医院虽然是民营医院，但很快接入了医保。医保的接入，使得因经济拮据而令家属放弃治疗的情况越来越少，加之全国异地医保结算越来越便捷，来自外地的病人也越来越多。

但也因为医保政策，公立医院不适合收治这类花费极高、恢复期漫长且需康复治疗的病人，即使收，一般两周也要“赶”病人出院。因此，病人们总是辗转于不同的医院及科室，这家医院住一段时间后，再找下一家医院，不同医院的医疗护理水平不一致，快速转院，加剧了他们病情的不稳定性。

路璐的团队在重症医学治疗技术上一直处于业内前沿，他们一直关注中国植物人复苏标准的制定。在他看来，这一标准的制定，重要程度不亚于唤醒他们。一般来说，植物人都是意识障碍患者。就是说当一个人脑部受伤后，大脑中的一些结构或连接可能会受到损伤，对周围环境及自身状态的识别和觉察能力出现障碍，简称 DOC。意识障碍可以分为三类：昏迷（COMA），既无觉醒，也没有对自己和周围世界的感知；植物状态 / 无反应觉醒综合征（VS/UWS），有睡眠—觉醒周期，但完全缺乏对自身和环境的觉知；最小意识状态 / 微意识状态（MCS），有微弱但确定的行为证据。

还有一种特殊的情况叫“闭锁综合征”（LIS），不属于意识障碍，可以理解成意识完整的“植物人”。患者意识清晰，但脑干受损，造成四肢瘫痪、无法运动与讲话，仅能凭借眼球垂直运动和眨眼与外界交流，跟民间常说的“鬼压床”很像。闭锁综合征患者外在表现与意识障碍极其相似，误诊率达 5% ～ 10%。

在神经重症患者的治疗方案中，准确的医学评估与个性化的治疗非常重要。路璐这些年不断跟患者宣教：目前的检查手段很难提前判断患者是否能醒来，因为影响预后的因素很多，包括早期救治处理的情况、发病时间及原因、年龄、既往基础疾病等。只能尽可能做到让该醒的病人醒过来，不要因为长期卧床引起的并发症而失去机会。

但是在目前的医疗手段下，植物人的治疗没有既行的标准。因此，很长的一段时间里，医生无法预测植物人的苏醒时间。对于植物人的苏醒判断，绝大部分依靠经验丰富的医生主观推测。

所以，患者家庭在决定是否治疗时，只能从现有的医学诊断结果和自身家庭情况考量。当然，也有部分家属将希望寄托在未知的奇迹上。然而，现实是残忍的，在他们选择继续走的同时，也意味着选择了沉重的未来。还有一些“极端”情况，尽管医生们已经告知他们病人苏醒的概率几乎不存在，可以转向让病人更有尊严、折腾更少的维持性治疗，但家属依然坚持各种积极的治疗手段——在绝望时，他们更愿意相信那些流传极广但概率极小的“奇迹”。这种情况下，盲目坚持和乐观，不仅为家庭带来毫无希望的损耗，而且会浪费大量的医保费用，成为另一种悲剧。

“80后”的业务院长路璐，从业十几年中见过成千上万名患者，其中大多是脑外伤术后康复，促醒概率在60%以上。如果是溺水、一氧化碳中毒、肿瘤、感染等因素造成的患者，概率就会低至20%～30%。

在日常的治疗中，路璐团队已经有意识地使用植物人康复标准。一些病人从入院开始，通过各种检查的结果及临床表现，提前判断他们的复苏概率。

一开始发病时医生与患者之间的关系是指导型，医生说什么，患者及家属做什么就是对患者最好的选择。到了康复促醒期，医生与患者之间的关系就是合作型，需要患者，特别是家属的配合。最朴实的概括就是“吃好”“喝好”“睡好”。“吃好”指的是根据患者身高、体重来推算一天所需的营养支持；“喝好”指的是24小时的出入量需要达到内环境平衡，对于气管切开患者还需要考虑发热及隐性的丢失量；“睡好”是指昏迷病人也有自己的睡眠时间周期。

团队的重症医学科主任李阳说：“如果得不到及时、专业的医学治疗与护理，植物人患者很容易感染并发症。比如营养不良，在这种长期昏迷的病人身上还是比较普遍的，营养不良还会继发一些症状，因此昏迷患者的营养治疗十分重要。”

至于怎么样管理好营养状态？怎么样实现内环境的平衡？怎

么样判别昏迷病人是否进入睡眠？这些要根据病人的情况给出不同的方案，需要家属及护工的积极配合与理解。

作为一位多年从事“植物人”促醒的医学工作者，路璐见过意料之外的狂喜，也见过钝刀割肉般的悲伤。

他的病人，有一年内苏醒并逐渐恢复的；有昏迷两年半，被预测过永远醒不来，在亲人近乎偏执的坚持和照料下恢复意识的；还有在康复医院躺了10年，依旧处于植物状态的。两年以上能苏醒的植物人极少，在路璐见过的几千例病例中，只有两例。一位是江苏茶叶商，2008年因为酒驾车祸，大脑受重创，做了多次脑部手术。在未苏醒的两年里，家属投入了400万元的积蓄后，他终于恢复意识，能与家属简单沟通交流，但成为永远无法站立起来的重度残疾人士。

还有一位15岁少年，刚参加完中考，骑行回家途中遭遇车祸，随后昏迷了两年半。他有一个极其坚强的母亲，不仅辞去工作继续维持高昂的治疗费，而且开始自学医疗临床知识，到了后来，她能够跟神经外科领域最资深的专家讨论病情。这位少年现在已经苏醒，并能够下地行走。

更多的植物人，都没有这样幸运。之前没有特殊的辅助检查手段，医生判断他们苏醒的概率，只能遵循以往经验中的规律：昏迷的前3个月，是恢复意识的黄金时期；昏迷6个月，是苏醒的相对有效期；昏迷6个月之后，醒来的概率已微乎其微。

即使大脑结构保持完好的病人，能否恢复意识的概率也和多个因素相关，亲人支持、家庭财富、医保政策还有公立医院的考核引导，都可能让一个本可以苏醒的植物人永远沉睡，或者在苏醒之前被并发症夺去性命。

过去 12 年中，路璐从一个刚踏出校门的学生，成长为医院的业务院长，他看到了太多意外事件，了解到生之脆弱和偶然。

医学比宗教更有魅力的地方在于，现代医学依旧无法治愈许多绝症，无法让所有患病的人都活下去，但它是一门越来越趋于确定的科学，在“人总是要死的”这一终极归宿面前，它给予了人们更多可能性：让人离死亡的距离远一些，或者至少可以大致测量出人与死亡的距离。

预测“植物人”能否醒来、何时醒来，在很长一段时间内，是科学解决不了的事情，医护能做的就是倾尽全力做对患者及家属有利的所有事情。

病区主任高翠华说：“你要真心对待每一个病人，其实他们回馈给你的，永远比你想象的要多。”

不仅仅是医生，团队里的护士也在实践中不断提升自己的技能。

护士长滕昕说：“昏迷的患者，可能你多打一针，他们会接受不了，躺得时间长了血管的环境不好，它的弹性会降低，这时候，我们的护士会更加严格地要求自己做到更好，减少患者的痛苦。”

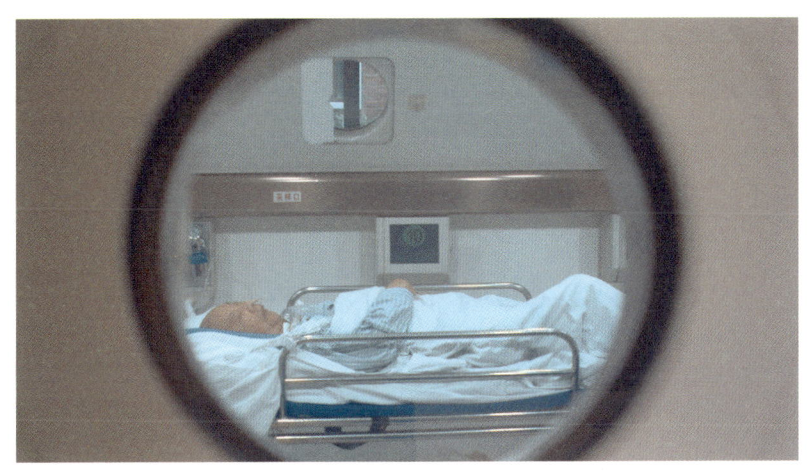

康复治疗师魏阳说："上海好望角医院除了常规的治疗康复以外，更以植物人的康复促醒为核心，发展重症早期康复，引入先进的经颅磁刺激、右正中神经电刺激等技术，我们致力于让患者更好地活着，更有尊严地活着，更幸福地活着！"

路璐深知医生并不是全能的，医学治疗需要医生、护士、治疗师、患者和家属的共同努力。十几年来，他见证了太多的生与死。选择医生这一职业，似乎必须要有一颗强大的心，一种看透生命无常的淡然，才能在理智与感性之间找到平衡。

一年又一年，路璐医生送走老患者，也迎来新患者，他已经成长为一名经验丰富的医生，阅历让他似乎更深刻地认识了人生。正是浸泡在这个发生了无数悲欢离合的地方，伟大与渺小共存，坚强与脆弱共生，希望与绝望同行，生命的无常，肆意奔流。而他与他的团队所能做的，就是在有效的时间内拼尽全力，找到那个通向生的出口。

《极致匠心》栏目组提供

踏浪前行　深耕防腐

从在部队从事生产经营工作到能源科技有限公司掌门人，张寿新在困境中脱颖而出，成功实现角色转变，这是他脚踏实地的结果。而这一切，则源于军营生活带给他的坚韧不拔、敢于担当的品格。在管道防腐保温行业，提起张寿新，不少人佩服，佩服他从部队转业，自主创业，用了不到 10 年的时间将企业做大，成为山东乃至全国首屈一指的钢管防腐企业典范。

面对国家“一带一路”规划和国家“十三五”重大战略的实施，张寿新带领山东佰盛能源科技有限公司紧抓发展机遇，坚持产学研相结合，加快推进新产品研发进程，坚持走“工厂智能化、管理信息化、生产精益化、市场国际化”发展之路，打造了一个国内知名、国际一流的现代化企业。

在创办山东佰盛能源科技有限公司之前，张寿新有着丰富的人生履历，1986 年开始在济南军分区后勤部从事生产经营工作，在部队有着十余年的“三产”工作经验。1998 年，中央军委下

令取消军队三产，为地方经济发展保驾护航，张寿新正是在此时萌发了转业创业的念头。

对于军营生涯，张寿新毫不讳言：是军营塑造了他。从张寿新的言行中，仍然可以感受到他身上独有的气质和性格：正气、勇敢、低调、稳重、前瞻性。他说，从军是他生命中最重要最宝贵的一段时光，自己曾经的老首长——95 岁的刘连福与 89 岁的安广征教会了自己坚韧不拔的革命精神，正是两位老人，启发了他成就一番事业的决心。“对军人来说，没有拿不下来的山头，没有不敢啃的硬骨头。无论商场还是战场都是一样。”张寿新坚定地说。

创业是一个艰难的过程，就像张寿新自己说的："产生一个想法很容易，但把想法变为现实很难。"3PE是目前国际范围内应用最广泛的管道防腐技术，于20世纪80年代在欧洲诞生，而我国直到1999年才冲破壁垒，研制出国内第一条生产线。在接过了管道防腐事业的接力棒后，张寿新便走上了"造防腐精品，创国际一流"的逐梦之路。

贷款筹资，聘请技术人员，在创业的前几年里，带着团队东奔西走，学习考察几乎成了张寿新的全部生活。见高识远，方可胜人一筹。在市场经济大潮中，张寿新紧紧抓住机遇，带领员工研判市场形势，准确定位，凭借眼光和勤奋使企业获得了良好的收益。

随着国家基础设施建设投入的不断增加，凭借对市场的敏锐感知能力，以及外出学习的经验，张寿新预测到管道防腐在未来几十年必将获得长足的发展。2003年，张寿新带着儿子前往北京某家台资防腐企业学习时，儿子童言无忌："我们上一条3PE防腐生产线也能行啊！"一语点醒梦中人。

他大刀阔斧地聘请技术人员在原有基础上从事自主研发，筹划建设自己的3PE防腐生产基地。2005年，自主研发的3PE防腐钢管厂建成投产，张寿新注册济南盛阳首新能源科技集团有限公司，主要生产钢质管道的3PE、2PE、FBE防腐；2006年，经过数年技术攻坚，张寿新架起一条崭新的防腐产品生产线，填补了国内产品技术空白，管道防腐技术达到世界领先水平，成为国内首家获得 AX 级防腐制造许可证的企业单位。

凭借军营磨炼出的韧劲，星星之火，终成燎原之势。2013 年，张寿新在沂蒙老区山东临沂注册成立山东佰盛能源科技有限公司，在不断完善企业制度、革新内部经营管理机制、优化创新管理模式、提升企业效益的同时，不断创新产品，于 2018 年被临沂市评为专精特新企业，2019 年被中国制造强国论坛组委会评为“中国品质优秀企业”，2020 年被商务部诚信公共平台评为 AAA 级信用企业、国家高新技术企业、国家两化融合贯标企业。

经过数年发展，公司目前占地面积 20 万平方米，拥有 9 条达到国际先进水平的钢质管道防腐、保温生产线，专业从事 FBE(环氧粉末)、二层 PE/PP、三层 PE/PP、内涂覆和保温等综合性防腐、保温管道生产，所生产的规格为 Φ22—Φ2020，产品适用于陆地、江海湖泊、滩涂等复杂环境，广泛应用在石油、石化、燃气、电力、热电等行业，年生产设计能力达 40 万吨，是国内规模较大的钢管防腐保温产品专业生产厂家之一。公司主要从事天然气、石油、城市燃气、热力、自来水所用钢质管道的内、外防腐，保温生产加工及各类钢管和配件的供应。

目前，在华润燃气、中裕燃气、中油燃气、中石油昆仑燃气、新奥燃气、奥德燃气等国内多家燃气集团重点工程中，张寿新团

队研发的防腐新型产品都被广泛选用。

钢管防腐产品市场的“蛋糕”很大，但如何吃下第一口，是个难题。张寿新的第一个客户是山东老煤气公司和济南港华，回忆起这段经历，张寿新记忆犹新。

在新型防腐产品普及前，传统防腐产品由于环境污染大、人力浪费多而饱受诟病。借此契机，张寿新邀请山东老煤气公司和济南港华采购人员前往厂区参观了解各种不同规格的新型钢质管道防腐产品，向他们展示生产工艺流程，一番讲解后，终于得到了采购部门的认可，打开了新型管道防腐产品走向市场的大门。

张寿新说，2000 年，是公司发展最为鼎盛的一年，但因国内技术仍然不够成熟，传统式的工艺达不到国标要求，国产的防腐产品不被认可，市场逐渐被外企控制。兵来将挡，水来土掩，没有退路，唯有继续开拓。为了赢得市场认可，张寿新不断淘汰落后的老旧工艺，不断改进创新，直到产品指标超越国际标准，使用寿命也从最初的 15 ～ 20 年延长到如今的 60 年，为国家的管道建设节省了 3 ～ 4 倍的总成本。

玻璃钢防腐、储罐保温、特殊管材防腐……2000 年前没从事过的，都陆续开工了；泰国、马来西亚……以前没去过的地方，也走到了。在山东佰盛能源科技有限公司的企业简介里，罗列了十几项业务，这家此前只依赖中国传统防腐技术的企业，现在几乎没有不敢接的订单。

2005 年，张寿新邀请香港商人前来参观，在向香港商人提供的检测报告上，显示张寿新企业研发生产的防腐产品标准超越国家标准三倍之多，甚至超越极为严苛的香港采购标准。张寿新抓住机遇，不断创新，终于赢得了香港客户的信赖。“在不断地与国际市场的接触中，公司获得了先进的经营理念，提升了技术水平，也为中国防腐保温行业在世界上赢得了声誉。”张寿新说。

很多人认为工匠是一种机械重复的工作者，其实工匠有着更深远的含义。工匠代表着一个时代的气质、坚定、踏实和精益求精，在张寿新身上，有着工匠精神最真实的写照。在他眼里，只有对质量的精益求精，对完美的孜孜追求，除此之外，没有其他。

按照标准，干线管道涂层主要采用的是聚乙烯缠带、煤焦油磁漆、石油沥青等。但张寿新认为，煤焦油磁漆、石油沥青产品对环境污染大、施工要求高，虽然使用上没有问题，但张寿新却坚定地选用 3PE 产品，最终应用情况更加良好，管道使用寿命也增加了几十年。

在山东佰盛能源科技有限公司，还有很多生产过程中抠细节的例子。“虽然我们公司多年来一直都是全国钢材防腐产品研发生产的领头羊，但我们还想做得更精、更细、更高。因此，我们在研发生产过程中不是按图索骥，而是像工匠一样，心无旁骛地把生产过程当作艺术创作，认真打磨，精益求精，细节决定品质。正是这样一个又一个完美的细节，才共同构成了完美的企业。”张寿新说。

匠心做企业，热血为家国。作为曾经的人民子弟兵，张寿新心中从未忘记过哺育自己的人民：“企业的发展来源于民，得益于民，也要惠及于民。作为一名企业家，必须怀有社会责任感，反哺社会。”创办山东佰盛能源科技有限公司的十余年，每年为国家上缴税收 1000 多万元，张寿新带动当地群众致富，为社会

提供百多个就业岗位。对后起的同类企业，他毫不保留地积极给予指导，加强交流，实现了双赢。

从 2005 年开始，张寿新每年都会给村里捐款几万至几十万不等，每年带着慰问品和生活用品看望村里老人。遇到老弱病残，张寿新更是慷慨解囊，身体力行回报社会。在公司大厅，悬挂着“祥和安泰，善行天下”牌匾，时刻勉励自己和员工多行善事。

对于员工，张寿新更是雪中送炭。厂内电工的孩子不幸罹患肾衰竭，电工家中一贫如洗，难以负担孩子高额的医疗费用。张寿新知晓后，专程前往病房探望，并慷慨捐赠 2 万余元给孩子治病，且每年给予数千元的补助基金，帮助员工渡过难关。

张寿新的付出获得了人民与社会的认可。他接连被评选为济南市长清区第八届政协委员、优秀共产党员，也是五一劳动奖章获得者和道德模范，连年被济南市和长清区评为优秀慈善工作者。凭借专业的技能和创新发展的激情，山东佰盛能源科技有限公司先后获得国家专利与软件著作权等知识产权20余项，成为国家标准参编单位。

逢山开路，遇水搭桥。经历了市场风雨的多年锤炼，凭着坚韧不拔的军营精神，如今的张寿新不忘初衷，更加胸有成竹，致力于打造一流的品质品牌，为铸造百年企业夯实基础，不断带领山东佰盛能源科技有限公司迈向新征程。

《品质》栏目组提供

“卡脖子”卡出的强大

氯碱战线，历来就是一部激烈抗争、持续创新的历史。

早有，氯碱工业创始人吴蕴初艰苦创业实业救国，成功粉碎列强对我国化工行业的垄断。

今有，重庆博张机电设备有限公司（以下简称重庆博张）“苦行僧”般全身投入研发创新，反技术垄断直至输出行业新标准，引领全球化工装备 4.0 时代！

2022 年 2 月，国家发展改革委、工业和信息化部、生态环境部和国家能源局四部委（局）联合重磅发布《高耗能行业重点领域节能降碳改造升级实施指南》，此次发改委的 200 号文件，涉及我国大化工、大建材、大钢铁等 17 大项节能降碳的具体实施硬性指标，见真章，动真格。

在氯碱化工领域，中国氯碱工业协会根据《高耗能行业重点领域节能降碳改造升级实施指南》总要求，制定了行业具体的改造升级实施指南和步骤。即到 2025 年，氯碱行业将有 1200 万吨产能升级改造，以每套装置 20 万吨计，将全面改造升级 60 套。时间紧、任务重，氯碱业界闻风而动，技改升级订单如雪花般向重庆博张聚合。

重庆博张，长期与国际同行“抗争”，长期“备战”，顺势而为打有准备之战。负责人张健透露：“近 20 年来，博张挣的钱不搞其他，全部投入研发创新领域，科研团队呈老中青三代梯队建设，骨干科研人员长期保持在百人以上。”至今有车无房的企业董事长张健乐在其中，他有一个强烈的“博张梦”和中国梦，那就是“民族工业，世界博张”！

那么，人们的好奇点可能是：重庆博张“小巨人”企业的背后，有一个什么样的企业故事，有一个什么样的企业奋斗史？

其实，重庆博张的发展史，一开始并没有反垄断和写春秋的意味。2003 年 7 月 8 日，重庆博张机电设备有限公司成立，成立之初，公司一共 4 个人，主营泵阀类常用石化机械，与所有有责任有担当的男人一样，打工也好，自主创业也罢，张健初始的愿望都是增加家庭收入，提高家人生活质量。

面对镜头，张健豪爽地直言道：“养家糊口，为了家人生活质量去努力、去奋斗。但您看至今生活品质也没见提高多少，有车为了工作，没房，挣的钱全投入研发了。毛主席曾在其《奋斗自勉》中讲：‘与天斗，其乐无穷；与地斗，其乐无穷；与人斗，其乐无穷。’这句话也适合我本人及重庆博张的发展历程。”第一单的业务，张健至今记忆犹新且义愤填膺。

2003年的夏天，四川自贡一家化工企业的结片机转鼓坏了，该结片机从欧洲进口，原始生产厂家报价非常高，而且交货周期很长。转鼓是结片机的核心部件，没有转鼓，结片机就无法工作。客户等不了那么长时间，于是他们联系国内加工企业测绘生产，但由于转鼓直径太大、精度要求太高，没人敢接，一番尝试未果，得知消息的重庆博张董事长张健萌生一个大胆的想法：外国人能做的东西中国人为什么不能做？我们来试做一台，做不好，不收费；做好了，岂不是好事。

不眠不休的拆解测绘工作由此展开，张健与公司技术工程师一起吃住在现场，反复测量、计算、校对，最终，一套完整的结片机转鼓图纸诞生了，接下来是几个月夜以继日的转鼓监造，此时的张健，心里装的不是价格不是生意，而是无论如何我要把这个“大家伙”成功做出来的梦想。

有了这种想法，张健一不做二不休，召集工程师对整台结片机进行了全面测绘，因为有了核心部件转鼓的测绘经验，很快，张健就带领团队成功研制出第一台可以媲美进口产品的结片机，这也是几十年来中国人第一次自己生产出了无论从产量、产品成色还是机器运行稳定性等各方面都不逊色于进口设备的结片机。

由于交期、价格、服务、运行效果完全不输甚至赶超进口设备，重庆博张的结片机很快在全国打开市场，不到三年，国内氯碱制造企业 80% 的技改和新上项目都换上了重庆博张的结片机。与此同时，重庆博张不断从客户的使用反馈中收集意见、总结经验，对结片机进行改进。这台始于进口、出自重庆博张的机器，在一轮轮的技术革新之后，已经不再是原来那台结片机，它是一台拥有多项发明专利、完美解决了几十年来困扰客户的诸如喷淋不均、轴封漏水、出片板结等老大难问题、中国人自主研发的结片机。

重庆博张的结片机得到客户一致认可，重庆博张这家公司也逐渐在氯碱行业有了知名度，这是一件振奋人心的好事，可是董事长张健的内心，除了喜悦，还有一些别的想法。2004 年，第一台结片机诞生，也是从这时开始，张健逐渐了解了这个行业，知道了这种能生产出片碱的机器全世界只有一家企业能做，这家企业已经实现全球垄断几十年。民族工业，不应该止步于此。2010 年，这个埋在张健内心深处的情绪，被激活了。从 2004 年成功研制出第一台结片机，至 2010 年，6 年时间，重庆博张的结片机几乎占领了全部中国氯碱市场。但整套装置的设备超过 40 个，涉及物理、化学、仪表控制等众多领域，工艺极其复杂，对材料要求非常高，安装、调试也十分困难，美国通用公司曾经尝试进入该领域，但制作了 8 套均以失败告终，总之，这是一套专业性非常强的装置，不然也不会出现掌握该技术的企业在世界范围内垄断几十年的局面。

2010 年 5 月，这套制碱装置的 CEO 来到重庆，谈合作。他们拥有装置装配经验，重庆博张拥有结片机制造能力，这将是一次完美的合作，欧洲企业可以通过重庆博张实现结片机低成本化，重庆博张可以通过欧洲企业实现世界范围内结片机产量剧增。商谈接近尾声时，重庆博张董事长张健提出最后一个也是他认为最重要的一个问题：合作以后，结片机的商标是什么？得到的回答是：不再是重庆博张。张健立即否定了商谈的全部内容，拒绝了对方的合作意愿。

CEO 回国后，迅速针对本次商谈结果做出明确指示，今后，不再售卖制碱装置给采用重庆博张结片机的中国制碱企业，也就是说，你只能继续接受我的昂贵捆绑销售。

这不是挑衅，是制裁！是行业垄断者没有商量余地的决定。

多年来，结片机的研制改进，取得的业绩成果，让重庆博张在行业里备受关注，重庆博张人也倍感自豪，但说不上来为什么，董事长张健的内心，始终不安，在与欧洲同行商谈之后，终于清晰明朗，或许重庆博张等的，就是最后这个致命助推。说致命，一点不夸张，当时的重庆博张，年产值千万上下，员工人数不过百，而张健拒绝了强者递来的橄榄枝，把自己和公司逼上了绝路。

怎么办？在严峻的局势下，张健内心是坚定和踏实的，他决定要干一件大事，这件事，他一个人不行，但他有足够的信心和勇气，他坚信，中国人能做出赶超进口的结片机，同样能做出不输进口的制碱装置。

他们要做世界一流的固碱蒸发装置。

说干就干，张健拿出全部身家，一次次拜访行业专家，和他们谈梦想，说可能性，说重庆博张已经具备的基础和制造经验。

那个阶段的艰难超乎想象，眼里有光的张健非常清楚自己面临的挑战是什么。几十年来无人敢问津的领域，以重庆博张当时的实力，想涉足，几乎是个笑话。

不怕实现不了，就怕不敢想。因为怀揣梦想，张健的思路异常清晰，要拿下这套装置，首先要解决的两大难题是人才和资金。

为了解决资金问题，张健开出比银行存款利率高四倍的利息把身边亲戚朋友包括员工借了个遍，甚至借来父母的住房一起抵押了贷款，为什么他没有抵押自己的住房？他没有住房。直到2022年的今天，他也没有一套属于自己的住房。公司成立近20年，从初始4人到200多人，从经营管件泵阀的无名小卒到行业内有口皆碑的固碱蒸发装置知名制造企业，公司的规模一步步扩大，员工人数逐年增加，创造的社会价值也得到包括地方政府在内越来越多的认可，但他依然还住在租来的房子内，他把公司利润20%的部分用于搞研发，他鼓励员工开拓思维、积极创新。他常说，一个人的想法和能力是有限的，但一群人的想法和能力是不可估量的。他在公司设立了创新基金，专门用于奖励新想法、新点子，在他的鼓励和带动下，公司上下团结一心，奇思妙想层出不穷。所有这些，都围绕着公司发展、产品改进这两个主题。就是这样一个人，在资金问题并没有完全得到解决的情况下，凭着一腔热血和一股硬气，靠梦想说服了当时就职于宜宾天原的邢德政及一众相关行业技术人才，组建了重庆博张初始的氯碱团队。

跟做转鼓一样，都是从无到有，不一样的是压力和风险。转鼓做失败了，也就是收不了款，损失可以承受；而这次失败了，是全部身家、是负债、是如何面对被自己说服的从四面八方聚集过来的这帮人……那段时间，张健整夜整夜睡不着，头发大把大把地掉。

一件事最难的是开始，当真正深入核心进行探索，我们的团队发现，这套垄断了氯碱行业几十年的装置固然有其先进性，但由于从未有过升级改造，存在大量不足。我们完全可以据此设计出一套工艺更先进、布局更合理、操作更简便的装置。于是兵分两路，一方面技术团队紧锣密鼓地对工艺设计进行钻研，另一方面张健率领销售队伍对装置的一线工人进行逐个拜访，收集使用现场反馈的宝贵意见和建议。

当你决心做一件事，全世界都会为你让路。经过 100 多个日夜的艰苦奋战，2010 年 11 月，重庆博张自主研发的年产量 3 万吨的固碱蒸发装置在内蒙古瑞达泰丰化工有限责任公司一次性开机成功并投料生产，这是重庆博张的第一套固碱蒸发装置，也是中国人自己研发生产的第一套固碱蒸发装置，它标志着固碱蒸发浓缩领域，不再是谁独断专行的天下。

从无到有的难，不仅体现在产品研发，市场亦如此。每每谈起当初这个大胆又冒险的决定，张健都会给员工强调感恩，要感谢我们的技术团队，是他们的敢闯敢拼实现了固碱蒸发装置的中国造；要感谢我们的第一个客户瑞达泰丰，他们是“吃螃蟹”的第一人，因为他们的支持和信任，才有了重庆博张打开市场的基础；更要感谢这个时代给了民族工业更宽阔的拳脚施展舞台和发展空间。

有了成功的案例，重庆博张在行业内声名鹊起，制作周期短、售后服务及时、运行效果卓越而价格远远低于进口装置，订单纷至沓来。重庆博张上下群策群力，士气前所未有地高涨，然而最让张健高兴的却不是接到多少订单，而是每一次客户由衷的认可。这个领域里的设备采买，中国人第一次有了选择，那种自豪和骄傲，没有什么可以比拟。

重庆博张的固碱蒸发装置迅速占领了超 80% 的国内市场，并从 2014 年开始走出国门进军国际，先后为印度、伊朗、巴基斯坦、乌兹别克斯坦、土耳其、约旦、阿曼、突尼斯等国家和地区提供了片碱成套装置或设备。这标志着氯碱装备领域，从此有

了中国造，但重庆博张的脚步并没有因为取得的成绩而停滞。相反，秉承董事长张健一直坚持的创新理念，在邢德政的带领下，重庆博张的技术团队不断发现、突破。至今，这套装置已历经十几代升级改造，拥有发明及实用新型专利 100 余项，可以毫不夸张地说，这是一套集工艺设计、安装操作、能耗物耗等各种优势于一身的世界一流的制碱装置。

所谓创新，在张健看来，不只是在原有基础上的升级更新，更要实现质的飞跃和突破。由于装置庞大、工艺流程复杂、操作环节众多，长久以来，供能部分天然气燃烧存在的安全隐患、熔

北方三泰片状氯
限公司
工园区
730900
请向生产
应急

盐泵等转动设备操作时的潜在风险、末端出碱包装时碱尘对人体的伤害等问题，一直是客户的痛点，得不到有效的解决。

如果能实现智能化呢？由电脑和机器人来取代人工，只需要设定好程序，通过屏幕和按钮就能随时监控设备的运行，这样不仅避免了人力操作的风险，而且大大降低了装置运行的人力成本。

这是一个大胆的想法，从来没有人在如此庞大的化工装置上做过智能化尝试，但重庆博张人就是这样一群敢想敢干的人。2019 年，张健提出装置智能化升级；同年，智能化团队成立；2020 年，智能化结片机和包装机下线。这还只是开始，张健的想法是，首先完成部分单体设备的智能化，接着是整条装置的智能化，今后还要实现机器取代人工的现场巡查、检修，最大限度地做到零人工、零风险。

2021 年 12 月 19 日，《人民日报》在《“专精特新”中小企业活力足》社论文章中，以“重庆博张作为中小企业活力足”入题。社论紧紧抓住围绕建立梯度培育体系、强链补链解决关键技术难题。这也是张健对公司产品和发展方向的想法，民族工业的振兴，仅靠一家公司和一个产业的崛起远远不够，他想凭借重庆博张在行业内越来越大的影响力，带领一批配套企业共同走出国门走向世界，真正做到创新无止境，世界看中国！

《巨人力量》栏目组提供

北陲最美酿酒人

陈燕福，一位操着南方口音的中年汉子，远离江南水乡秀美的环境，只身来到祖国最北县城塔河。这里极寒的气候并没有阻挡他在这里创业的信念。一个青少年时的梦想，一个敢于创新的转身，展现了他灿烂和美丽的人生。

几度风雨，几度春秋，大兴安岭呼玛河酒业董事长陈燕福梦已成真。呼玛河酒业是中国最北的第一家酒厂，以鄂伦春原始酿酒技术为先导，以现代化酿酒技术为基础，借助于天然纯净的呼玛河水和北纬 52° 沼泽的地域环境，打造出了具有中国北极特色的醇香美酒。呼玛河白酒得到百姓的认可。当呼玛河的广告作为黑龙江省有线电视台开机首播广告出现在荧屏上时，大兴安岭密林深处的醇香，已飘到大山以外……

2013 年 8 月，虽是流火的季节，但塔河地区已有了几分凉意和清爽。

万事开头难，要规模造酒，就得建设厂房。小戏小舞台，小家小作坊，那不行，现代自动化酿酒企业需要规模厂房。几万平方米的厂区，一体的现代化设备，让那些作坊业主看了咋舌，赞叹不已。

有的看了连声说：“我的天，这么大，咱们几个厂家也不抵人家！”不错，酒厂占地 92080 平方米。历时 8 个月，完成了厂房的基本建设，设备引进安装，原料选定采购，人员岗位配置，技术检验检测，市场链条营销的全部流程。

建厂不能随便占用耕地。他选择了一处废弃的旧厂房。那里远离塔河小镇，杂草丛生，枯树倾倒，虫蛇乱窜，绝少人迹，偏僻而荒凉。陈燕福倒喜欢那僻静，他笑笑说：“没事儿，环境差咱们可以改造，咱们原是搞环保的，这个不成问题！至于偏远僻

静，咱喜欢的就是僻静，您知道成功人士往往都是寂寞的。不安分，不消停，怎么造酒？您没看深山造剑吗？十年八年不出山，不见外人，就是十年磨一剑嘛。”

2014年4月16日，一声指令，启动的马达声如春雷般的轰鸣，标志着酒厂正式投产运营了。

当年的废墟，尽可以从厂史馆里找到它衰败破落的丑陋影像。比之旧厂房，酒厂厂区显得格外现代和时尚，很有气势。天蓝、云白、树碧、草绿、山高、水清、酒香、风甜、人欢、鸟鸣、虫吟……远山青翠，旷野平展。大兴安岭呼玛河酒业集团的厂区外

围是一色有如人高的酒坛，不是几十，而是几百，围绕厂区，排列似古代军阵一般。这在全国也是少见的，用硕大的酒缸当围墙，气势威武！

酒厂，给人以酒韵其间，酒魂不散，酒味飘香，酒旗招摇之感。陈燕福说就是要把酒文化，具体说是呼玛河酒文化的气息，搞得浓浓烈烈的。这就是陈燕福的艺术大展厅，是陈燕福设计的艺术品。

厂区内设红盖黄墙的厂房，主楼有二层，红盖绿墙，色彩分明。十几栋厂房之间，绿树相拥，红花间或其中。是夜，灯盏相映，厂区亮丽。

酒厂未来建设示意图也大气舒展，厂房比现在只多不少，规模产能显著提升。

建厂几年，如今呼玛河酒业有员工 80 多人。固定资产 6800 万元，流动资产 3000 万元，拥有了先进的全自动化生产流水线，年产白酒 3000 吨，直接解决就业岗位近百个，间接拉动就业 200 多人。预计全面达产后，每年利税可达 3000 万元，是塔河财政收入的三分之一了。

大业维艰，玉汝于成。陈燕福率领他的呼玛河酒业团队，励精图治，奋力打拼，呼玛河酒业已经在塞北乃至江南的酒业市场上确立了五大品牌优势：一是好的生态环境。大兴安岭山清水秀无污染，它号称地球的第二大肺。二是天然的好水质。呼玛河是国家一类保护水系，是养育大兴安岭多民族的母亲河，酿酒全部采用呼玛河上游的深岩水。三是绿色的好原料。东北是国家的大粮仓，用黑土地上纯绿色无污染的大米、高粱、玉米、燕麦、大豆为原料。四是传统的酿造技术。古老的酿酒传统与国内先进技术完美结合酿出醇香美酒。五是寒地气候。酿酒的最佳温度是15～30℃，大兴安岭室内常年是这个温度，冬暖夏凉，使有害菌无生长空间，提高了酿酒的产量和质量。

“呼玛河”居于塔河边陲小镇，异军突起，刚刚走出了深闺，揭开了红盖头。何以求生存得发展？陈燕福真是战战兢兢，如履薄冰。他积极寻求支持，适时亮剑，用倒逼机制，破解难题，奋力突围，背水一战，置之死地而后生。

在陈燕福看来：生态绿色是黑龙江白酒的根基，养生健康是黑龙江白酒的特色。这些酒文化是黑龙江白酒内在固有的品质。必须抢在前头，维护它、宣传它、推介它、坚守它、发展它、繁荣它。以此为契机，铸就黑龙江白酒的优质品牌，拓展黑龙江白酒在国内外市场的影响力。

心气有多高，决定人能走多远。

陈燕福的雄心就是他的梦想。他骨子里浸润着的是传承中华酒文化。2014年11月20日，他积极促成了呼玛河酒业在上海证券中心的成功上市。虽然还只是在股权托管交易中心Q板挂牌，但不畏路途荆棘，勇于艰难跋涉的陈燕福毕竟迈出了这一步。虽然这样挂牌等待转板公开交易的各类企业已有5000多家，而呼玛河酒业至今仍是黑龙江唯一一家以白酒上市的企业。

自此，边陲小镇与大上海连接起来。他们急需的宝贵资金，通过上市公司搭建的平台得以集纳，发展生产。陈燕福的“呼玛河”白酒的上市，无疑给黑龙江白酒行业炸响了一声春雷。一夜间，黑龙江白酒行业，都知道塔河有个陈燕福，大兴安岭有个陈燕福。

《追梦呼玛河》以其古朴苍凉的历史背景和奋进开拓的现实记录，向人们展示了一位江南汉子的创业传奇，引领人们体验江浙文化与边塞文化，现代文化与传统文化对接、碰撞、融会、交集时所产生的玄妙、新奇、猎喜、狂野的感受。

陈燕福以实际行动诠释着对社会责任的理解。2014年10月，公司出资7万余元，开展了向环卫工人送温暖活动，为环卫工人购置265件御寒棉大衣。塔河高地奇寒，不是一般的冷！他是真动情了，决定为他们买新棉衣，而且要带反光彩条的那种，还有棉手套，还为塔河县贫困学生捐款等。此外，公司每年春、秋季节还为塔河、漠河广场舞的全民健身爱好者无偿捐赠套装、棉衣等，累计资金26万元。虽然这些都微不足道，但它体现了企业家的大爱精神。

有一次，陈燕福到黑龙江省最北的贫困村去走访，他走到主人的箱柜前，揭开盖子，看到几件破旧的衣物，因为屋里潮湿，衣物都霉变有异味了。他一下抱住了那位才五十出头的农民兄弟，把衣兜里所有的钱都掏出来了：“明天你就和老伴到咱酒厂上班。家里田里的事情，酒厂给你包了，就这么定了……”随行人员知道他们老总说到做到，一点都不含糊。所以，赶紧上来，安排两人家里家外的相关事宜。一路上，谁也不知道老总究竟想了些什么，但从他那凝重悲苦的脸上，随行人员读到了一种责任，一种使命，一种道义……

一天傍晚，山洪暴发，好在夜班工人都在岗上，陈燕福紧急发出指令，机器停转，人员出发。他们冒雨来到附近农户家。“大爷，赶紧走吧，到咱们厂子住吧，这儿是山洪道，一会儿大水隔住你们，就走不了了……”员工背起七八十岁的老人向酒厂走去。“大娘，你家房子后面就是山坡，很容易滑坡的，先到咱们酒厂躲避一下，没事再回来。赶紧走吧……”

因为陈燕福以民为重，以安为要，酒厂周边的一些农户得以安全转移，人员没有任何危险。事后，有人建议申报抗洪抢险先进单位。他淡淡一笑说：“算了算了……获奖机会给别人吧。”

在大是大非面前，在危机四伏面前，在惊涛骇浪面前，陈燕福凭着他的聪明才智，凭着他的人格，凭着他的诚信口碑，凭着他的坚定信念，凭着他的过人勇气，凭着他的坚强毅力，总能化险为夷。

南燕北飞的陈燕福，就是祖国北陲大兴安岭呼玛县最美的酿酒人。

《精彩视界》栏目组提供

一个乡厨的追梦之旅

古蜀四川，天府之国，沃野千里，物产丰饶，孕育而生的川菜，因手法多样、食材丰富、口味刺激而成为市场的弄潮儿。

从成都南下，经眉山到洪雅境内，森林覆盖面积高达 70%，空气清新、四季分明，且日照充足、雨量丰沛，年平均气温 16 ～ 17℃，宜业宜居。从雅安下来的青衣江水流经瓦屋山、槽渔滩到洪雅，绕城而过，滋润着这一片广袤的土地。这里的山，海拔多在 500 ～ 1500 米，是藤椒树理想的生长天堂。

说到藤椒，可能还有人不知其为何物。其实它是洪雅境内不可多得的天然调味珍果，自古以来，这味山中尤物一直埋没山野，外界无人有缘得识，仅有当地居民因“近水楼台”而得其享用。

但是今天，产自四川洪雅的“幺麻子藤椒油”，应该说一线厨师都很熟悉，因为眼下许多的流行川菜在调味时都会用到它。尤其是提到赵跃军这个藤椒风味的奠基者时，很多人更会由衷地竖起点赞的大拇指。

赵跃军出生于20世纪60年代，从小家贫，9岁时父亲去世，仅靠母亲一人担起家庭的重任。他从小与烹饪结缘，稍大便进入厨行谋生，40年来，砥砺拼搏，立足乡村，立足藤椒味道，带领乡亲勤劳致富，传承中华优秀餐饮文化，用自己的诚信和辛勤付出，谱写了一曲“最美厨师”的赞歌。

20世纪80年代，改革开放给人们的生活带来了新的机会，可是依然有许多贫困的家庭挣扎在温饱线上。瓦屋山下，面对流淌不息的青衣江，赵跃军想用自己的一技之长开家小食店谋生度日。

在很长的时间里，想致富又害怕失败的心理就像恶魔一样不断地困扰着他。直到1992年，仍然没能脱贫的赵跃军咬牙开起了一家小饭馆。和许多创业者一样，赵跃军的创业之路充满了坎坷。他当时东拼西凑也只凑到了300元钱，而这又哪够开店呢？还好，由于他家的老房子临近公路，赵跃军在家门口搭了个简易棚子，就这样草草地开张营业了。

那时候，他们夫妻俩白天开馆子，晚上还要干农活，每天都拼命地干。终于，他也跟别的人家一样，在公路边上盖起了新房，从此开起了像模像样的餐馆。由于自己在家里排行老幺，家里人又叫他“幺幺”，所以他后来干脆给自己新开的饭馆取名叫“幺幺饭店”。

一个寻常的乡村小饭馆，凭什么生意火爆？

赵跃军说：“其实就是我店里自制的藤椒油在‘显威’。”

藤椒在洪雅的乡间，一直都是民间调味的珍品，在藤椒成熟的季节，采摘回来用菜籽油炼制几斤藤椒油，以便平时做菜或拌面时用。赵跃军的小饭馆本来就卖家常菜，他把自制的藤椒油用于菜品调味以后，家常味就更浓了。他不仅用藤椒油拌鸡肉、烹河鲜，还用藤椒油炒素菜等。用那些经常去他的饭馆吃饭的长途车司机的话来说，这些菜里的麻香味道光是闻起来就让人神清气爽。

的确，在当时那个“乡土菜为王”的市场背景下，赵跃军推出的藤椒菜肴显得很“江湖”，这也让他很快就挖到了创业的第一桶金。再后来，赵跃军把当地著名的钵钵鸡改用藤椒油调味，上桌时用土钵钵盛装，由此便推出了一种新口味的藤椒钵钵鸡，直至今日，仍然是叫好又叫座的爆款菜肴。

在很长一段时间里，都有客人在店里用餐后仍觉得不过瘾，非要打包一些藤椒风味的菜肴带回家，甚至有客人提出要单独购买店里的藤椒油拿回家去……

刚开始客人提出这些要求时，赵跃军还会尽量去满足他们，可是后来当自制的藤椒油已不够自己饭馆做菜时，他心里开始生出了一丝恐慌，他也由此发现了一个新的商机。在这些购买藤椒油的食客中，居然还有一些是专门从成都赶过来考察乡土菜的厨师，赵跃军从中隐约看到了藤椒油的市场开发价值和前景——为啥不在开餐馆之余，再办一个藤椒油加工厂呢?

今天，作为即将上市的公司的董事长，赵跃军说，是藤椒油这种乡土调料让他走上了致富之路，他的人生之路与藤椒油紧紧地联系在了一起。

人生际遇大抵如此，往往一个偶然的想法，带来一个必然的结果。

2002 年，赵跃军投资 20 多万元，在止戈镇建起了 100 多平方米的厂房，走上了调味品加工企业的道路。他说，当初创办藤椒油厂时其实心里也没底，因为自己只是个农民出身的乡厨，是个开餐馆的小老板，一点儿办厂的经验都没有。可是赵跃军转念一想，既然这种调味油广受欢迎，在市场上还是一片空白，那么将藤椒油商品化就一定会有出路，即使不成功，那也无所谓，至少自己还有餐馆垫底嘛。为了学习先进的生产技术，赵跃军从那时起就开始了不平凡的“取经”之旅，他先是去四川农业大学请教专家学者，随后又到一些食品加工厂学习取经……功夫不负有心人，在第一届洪雅生态文化节上，初次亮相的“幺麻子藤椒油”便令人瞠目，因为这种新型调味品太有特点了，当天就被参会者抢购一空。

对于“幺麻子藤椒油”这个名称，赵跃军有着自己的解释。

在开办企业之初，商标设计、产品取名都让他颇费脑筋，因为他知道产品的名称对于生产型企业十分重要，不仅要让消费者

过目不忘，还要凸显出产品的特性。有一天，赵跃军忽然由藤椒的麻香联想到了自己的小名“幺幺”，于是“幺麻子”这个名字便从脑子里跳了出来，它不仅朗朗上口，而且颇能体现四川人幽默风趣的性格。

要想让自己的调味油厂赚大钱，那么产量就要先上规模，可是等产量真的做上去时，销售又成了一个大问题。要知道，虽然藤椒油很有特点，但人们过去所熟悉的麻味都是由红花椒赋予的，因此，要想在短时间内扭转大众对麻味的认识，调整口味习惯，这肯定不容易。此外，关于藤椒油使用也有一个熟悉的过程，比如一些厨师买回藤椒油后，因为不了解正确的使用方法，有时做出来的菜肴无法体现应有的效果。

鉴于这种情况，赵跃军决定带着自己的产品深入各家餐馆、饭店、酒店做推广。他先是去洪雅附近的县市，后来又去了川菜的大本营成都。他当时的想法也简单，因为他相信餐饮业的大厨们创新点子多，一旦了解到藤椒油的特性，就一定能做出更多麻香风味的流行川菜。

凭着一份诚心，凭着过硬的产品质量，赵跃军终于打开了市场局面。一些酒楼厨师在他的讲解之下，开始用正确的方法制作藤椒菜肴，后来各大饭店酒楼竞相推出藤椒菜肴，食客也慢慢喜欢上了这种风味，餐饮界的“藤椒风暴”由此拉开了序幕……

从一个藤椒油厂，到一个藤椒基地，当地的椒农致富了，赵跃军的事业梦也圆了——他利用洪雅当地的藤椒，采用传统秘制技艺，成功萃取“藤椒油”，生产出来的产品供不应求。如今，拥有现代化生产流水线和现代高科技检测设备、年产值上亿元的幺麻子食品股份有限公司，产品畅销国内各省市，远销国外多个国家和地区。

“幺麻子藤椒油”品牌的崛起，让外界知道了四川洪雅，知道了“中国藤椒之乡”。一个品牌的创立不容易，一个人能够不断调整自己，使小我融入大我更是难上之难，而赵跃军做到了。

从最初的“幺幺饭店”，到“洪雅县幺麻子有机食品厂”，再到今天的“幺麻子食品股份有限公司”，“幺麻子”在赵跃军

绿色食品认证
藤椒种植基地(6号)

的带领下，历经 19 年的艰苦创业、创新发展，给企业带来了价值提升！以大单品带动品牌，以品牌带动产品系列，开创了藤椒油产业，传承引领了藤椒文化，“幺麻子”成为藤椒油的代名词，让藤椒文化绽放出夺目的光彩！以“绿色 + 智造”为驱动，以幺麻子藤椒油为核心品牌竞争力，“幺麻子”逐渐成为多元化发展的藤椒标准化调味料专业服务商。艰难方显勇毅，磨砺始得玉成。

“幺麻子”不断引领藤椒产业升级发展，从竞争模式转向共生模式，从规模增长转为价值增长。通过沉浸式文化体验，以“藤椒文化”抢占用户的心智，为“口口相传”做好铺垫，赵跃军董事长重视“幺麻子”品牌营销战略，坚持品牌化经营思路，凭借强烈的行业使命感，创办了“幺麻子厨师关爱中心”，赋能餐企，助力厨师，以其独特的厨师营销模式，形成行业较高壁垒；通过厨师互动交流，餐饮企业互动，提升品牌在餐饮行业中的价值；国内厨师朋友兴致勃勃地来到“幺麻子”学习交流，藤椒油与川鲁苏粤各大菜系相融合，更有国外餐饮考察团兴趣盎然地把幺麻子藤椒油漂洋过海带到了国际市场。

通过关爱厨师、传播文化、交流菜品，为新产品、新味型研发提供“源头”，深耕 B 端、吸引 C 端，给新增长创造条件，保持长期快速增长的能力。通过让更多的消费者走进“幺麻子”，由用户体验带来顾客黏性，增强了公司核心竞争力，提升了品牌影响力。小藤椒、大产业，“幺麻子”的品牌价值急剧提升，在

资本市场的话语权也得到提升！

依托自建藤椒生产基地，开展藤椒溯源知识讲堂、藤椒生态文化活动，吸引海内外厨师和消费者到“幺麻子”进行深度体验式交流学习，促进了一、二、三产业的融合，从而在藤椒种植、食品生产、文旅共融等方面实现良性互动、协调发展。“幺麻子”依托当地旅游资源，推动“幺麻子”品牌宣传，以品牌效应促进工业生产，在工业、文化、旅游三驾马车的带动下，“幺麻子”从单一藤椒调味油生产，转型为藤椒标准化调味料生产服务型企业。

2020 年，各个行业都在承受着严峻的经济大环境的沉重压力。赵跃军不甘于被动地等待转机，而是逆流而上主动出击。他邀请了川内外宾馆、酒楼及餐饮界的厨师们，甚至包括周边丹棱、峨眉、乐山、成都等地生产藤椒油的同行朋友，一起来厂参观车间生产、考察厂区环境、座谈交流心得。他还组织顾客们到附近的柳江古镇游玩。这样的活动，在当年开展了一二十次。他真诚的态度、开放的格局以及企业深厚的文化底蕴，深深地打动了顾客。赵跃军主动将顾客“请进来”的举动，为“幺麻子”公司在市场萧条的大背景中赢得了大量订单，使公司满负荷生产直到春节前一天才放假。那一年，“幺麻子”公司业绩同比增长显著。如今，眉州东坡酒楼、洽洽、钓鱼台国宾馆等，都已成为幺麻子藤椒油的忠实客户。

到现在，每年都有大量的餐饮人、名厨精英走进“幺麻子”，“幺麻子”也随之走进了中餐、火锅、烧烤、西餐、方便食品、休闲食品、烘焙食品等领域，更多的人领略到了藤椒的美味。

在实现自身企业价值的同时，“幺麻子”关注社会焦点，及时为需要帮助的人们送去合适的物资，帮助其渡过难关。

2008 年，四川汶川发生了“5 • 12”大地震。此时，“幺麻子”初创没几年，但是销售网点已经遍布全川。地震发生后，赵跃军立即让川内各地客户自行报损，具体数额不需要公司烦琐的流程核实，无条件为经销商退换货，所有损失全部由“幺麻子”公司承担。单此一项就高达数百万元，而公司当年利润仅有此数的一半！

赵跃军的真诚和大度，使他在2009年赢得了“幺麻子”建厂以来真正的转机。六七月份收购藤椒原料需要大量资金，经销商们毫不犹豫伸出援手，纷纷将预付款打进了“幺麻子”公司账户。还主动要求，以后坚持“先款后货”。他们说：“钱打给‘幺麻子’，我们一百个放心！”从此，“先款后货”成为“幺麻子”的销售铁律。

“幺麻子”的“关爱”行动，是责任担当，是因为“幺麻子”始终坚信：品牌才是最好的竞争力！做好自己，做好产品，做好服务，做好内容，始终坚守藤椒味道——越纯粹，就走得越远！

赵跃军董事长凭借使命感，坚持创新引领，在品牌、营销和文化方面不断深耕挖掘，为持续增长创造条件，提升品牌影响力和企业价值！

“幺麻子”用近20年的时间，将藤椒这一山乡珍果打造成大江南北备受热捧的藤椒味型，成为行业的领头羊。未来，“幺麻子”将一如既往、不忘初心地致力于厨师关怀行动，将“幺麻子”建设成为大厨交流、学习和康养的家园。同时，将携手大厨与华南农大、四川农大、电子科大、成都中医大、中科院等进行战略合作，资本加持，科技赋能，为厨师添一份“椒”傲，给世界添一份椒香！

《魅力东方》栏目组提供

大国品质，道远志明

随着世界经济局势的风云变幻，中国企业的国际地位逐步提升，面对全球新一轮的产业革命和技术革命，中国制造在整体朝前、大步流星迈进的同时，中国企业也站在了产业转型升级的十字路口。大浪淘沙之下，开始探索与时代兼容的经营管理之道。卓越的管理成就一流的企业，追求世界一流的管理，是推进企业走向世界一流、提高核心竞争力的命脉所在。

随着全球汽车工业步入智能化时代，芯片逐渐成为汽车行业迭代与发展的关键。在刚刚过去的2021年，缺“芯”潮席卷全球汽车市场，威胁汽车产业供应链安全，不少企业被迫停产、减产，但也不乏一些企业劈波斩浪，逆风翻盘。位于重庆两江新区的“国家级高新技术企业”——重庆大明汽车电器有限公司（以下简称重庆大明）就是其中的佼佼者。重庆大明深耕汽车电器领域22年，坚持以人为本，坚守品质，不断创新，经过11年的实践，探索出一条特色鲜明的中国企业管理之道，在中国汽车

电器领域的竞争中脱颖而出，企业员工 1800 余人，3 个生产基地，年销售额近 10 亿元，连续三年实现 40% 的增长。

1978 年以来，中国汽车制造业乘改革春风，砥砺前行，从新中国成立之初的“一穷二白”，到如今拥有品类齐全、配套完整的工业汽车体系，创造出一个又一个发展奇迹。中国汽车工业制造企业，成为缔造这一传奇不可或缺的中坚力量。作为中国汽车电器领域的领跑者，重庆大明以优质管理创新为依托，以正向研发为导向，坚持用技术创新推动产品品质提升，让中国制造走出国门，走向世界。

芯片，被誉为现代工业的“粮食”，对汽车电器企业来说，更是企业产品的“心脏”。2020 年，新冠疫情在全球蔓延，缺“芯”

潮随之而来，加剧了汽车制造业的焦虑，现实的戏剧性让很多企业猝不及防，重庆大明亦被卷入潮中，不同的是，重庆大明没有被浪潮淹没，而是屹立潮头。

2011 年，国内汽车电器市场 70% 被合资、外资企业占领，重庆大明陷入经营困境，重庆大明总经理张晓明临危受命，通过重塑管理体系，11 年间，坚守品质，以创新驱动发展，引导重庆大明向行业最高峰不断攀登。2020 年，他凭借多年的汽车行业经验，精准预判市场形势，以科技创新驱动发展，在缺“芯”潮中将危机转化为企业发展的新机遇。他说：“汽车芯片的核心技术没有掌握在我们手里，再加上疫情影响，缺芯片的事情迟早要发生。在危机面前未雨绸缪，2020 年我们投入研发资金 500 万元。果断开启换‘芯’工程，组建换‘芯’队伍，设置换‘芯’奖励。”

抉择当先，要在当下。2020 年 10 月，重庆大明 200 余人的技术团队，以正向开发为方向，历时 15 个月，成功研发出 100 多款芯片，打破了以往一款产品只选用一款芯片的困局。后来缺“芯”潮愈演愈烈，与重庆大明同规模的企业，有的光买芯片就多花了数千万元，重庆大明迅速组织芯片代理商一起商讨对策，优先选用了性价比最高的解决方案，并把产品保质保量地交付给车企，价格一分没涨，完美地解决了客户的后顾之忧。2021 年，重庆大明因竞争对手缺“芯”无法保供，从竞争对手那里斩获上亿的新业务。从精准预判市场形势，到技术解决缺芯片问题，多年坚持的技术创新的理念，是重庆大明面对困境稳若磐石的根基。

张晓明刚来到重庆大明的时候，技术团队仅有 6 人，而现在已经发展到 200 多人，还有十多个专业技术部门及完善的实验中心。2017 年开始，以客户标准为基础，结合重庆大明的标准进行产品的设计和验证，更加充分地保证了产品的性能。

每一个曾经犯过的错误都是新产品要规避的风险，重庆大明不断优化升级行业新标准。

作为汽车零部件供应商，重庆大明不但不断创新技术，对品质管控也极为严苛。汽车电器产品体积虽小，但精度要求高，涉及工艺种类多，对企业的制造工艺和制造品质是一项严峻的挑战。对于产品，要求误差不能超过 0.05 毫米，产品使用寿命标准为 20 年以上，比汽车寿命还长，外观上也要求同步考虑到消费者的体验感，要求高精度、高性能。目前，重庆大明每天生产 150 ～ 200 个产品种类，产量在 15 万～ 20 万个。产品种类多、数量大，但品质却始终如一，这一切得益于重庆大明的“两 G 质量管理体系”。

“两 G 质量管理体系”是以问题为导向，打通制造、供应商、客户和现场的信息流，及时收集产品的不良问题，通过每天的品质例会解决问题，这一切都会在 24 小时内完成，保证不良问题不过夜。同时，重庆大明还将员工的绩效考核与产品品质直接挂

钩，采取激励机制，以数据为依据，通过有效的渠道汇总，对完成品质目标的员工给予奖励，公司每月的质量奖金总额在 500 万元左右。

作于细，方成大事，作于易，可攻难事，重庆大明以“细节决定成败，质量决定未来”的管理理念执着奋进，不断追寻。

2021 年，在重庆大明成立 21 周年之际，张晓明用两个字诠释了重庆大明的管理哲学：“进”和“正”。“进”，是企业发展的法宝，“进”的动力是智慧和力量。“正”，就是企业的“德”，是企业生存的根与魂。一个企业要受人尊重，走得长远，一定要坚守住底线，他说：“大明刚刚步入大型企业的门槛，要有大企的责任与担当，坚守产品品质，坚持创新，脚踏实地，才能走得稳且正，才能不断进步。”

大船“进”的动力，源于水手。一位优秀的掌舵人，不仅要自身经验丰富，更要善于调度船上的“水手”。重庆大明通过设置合理的绩效目标，采取激励机制，充分调动员工积极性，一步一个脚印，稳中求进，帮助员工拓展职业技能，让员工不断进步，为企业创造价值的同时也让员工自我价值得到实现。

张晓明说：“我们拿出 100 万元奖励达成计划的员工，同时将员工的技能培训纳入质量管理体系，让每个员工都能掌握多个岗位的技能，让他们在大明能不断提升自身的价值，同时也就提高了工作效率和产品质量。”

重庆大明的“进”无止境，不仅体现在员工管理上，还体现在质量管理上，在技术创新上也先行一步。

2019 年，张晓明预测行业发展，发现新的利润增长点。求变是新时代企业的生存法则，重庆大明顺势而为，启动多元化、智能化转型之路。2018 年至今，重庆大明投入资金近 6000 万元，开展了 5 次技术改造项目，实现 5 条 SMT 生产线全自动化。SMT 是一种表面贴装技术，是目前电子组装行业里最流行的一种技术和工艺，5 条生产线智能升级后，生产线上的员工不超过 10 人，仅做些辅助性工作，节省了大量的人力，提高了生产效率，质量也大幅度提高。

重庆大明从未停下脚步，不但向内自我升级迭代，也向外寻

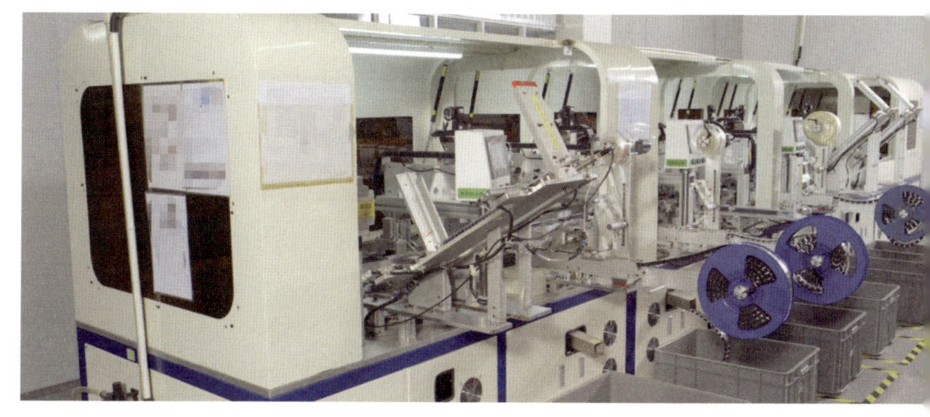

求突破，聚集了一批强有力的科研合作伙伴，通过交流学习汲取更多智慧。

今日的重庆大明不仅与一汽轿车、丰田、长安福特、长安、马自达、东风日产等龙头企业协同创新，还与重庆邮电大学等高等院校联合申报产业化项目研发，推动产学研融合，取得各类发明等专利 110 余项，获得“专精特新小巨人”“高新技术企业”等多项荣誉，2018 年，为了提升正向研发能力，重庆大明的工程师还到日本交流学习。

“志不求易者成，事不避难者进。”在不断求进的途中，有风有雨是常态，唯有坚定信念和方向，才能风雨无阻，重庆大明每年研发的新项目高达 300 余项。

对品质精益求精、不断探索创新，可以赋能企业发展，但是“德”才是企业的根基。2018 年不少企业裁员减薪，但重庆大明坚持不减薪、不裁员，工资照发，对于已经到了退休年龄的老员工留职劝退，2019 年市场回暖后，又优先把这些老员工请了回来。面对下游的供应商，也没有退货，因为退回去是减轻了自己的压力，但是会让供应商雪上加霜。“锦上添花易，雪中送炭难。”在这个时代，没有一个人、一个企业、一个行业能以孤岛的形式生存，越是困难的时刻越要坚定信心，也要沉着勇毅，风雨同舟，携手共进，才能行稳致远。

22 年来，重庆大明坚守产业报国的初心，通过不断优化管理，从无到有地构建起符合自身企业情况的管理体系，用坚守、责任、担当与品质，塑造了重庆大明在汽车电器配件领域的领先地位，也用实际行动诠释着中国企业的时代品格，无愧为“爱国、诚信、创新、担当”的新时代优秀企业的坚定践行者。

树高千尺有根，江河万里有源。风雨兼程 22 年，重庆大明人以精益求精的工匠精神、不断探索的创新精神，在与市场风暴的搏击中愈挫愈勇，在困境中凤凰涅槃、浴火重生，实现了从无到有、从有到强的蜕变。对于这一点，张晓明深有感触：“我们身处新一轮的产业和技术革命之中，机遇和挑战并存，只有我们立志高远、脚踏实地，以‘树大明品质新形象，变大明制造为创造，创大明一流竞争力’为企业宗旨，驰而不息地向前进，才能

大有作为。继续探索适合自己的管理体系和方法，继续完善‘两G’‘两V’‘两库’文化，有组织有效率地进行产业管理优化，才能有效地推进中国制造的高质量发展，这才是让中国制造走向世界的基石。”

重庆大明不仅是中国汽车工业建设的参与者、见证者，更是实实在在的受益者和贡献者。从无到有、从有到强的发展历程，离不开掌舵人张晓明的坚守与远见。他探索出的企业经营哲学，不但是重庆大明前进道路上的宝贵财富，也如同一盏明灯，照亮了探索中国特色企业管理的前进之路。

笃行不怠守初心，踔厉奋发启新程。作为所在领域的领跑者，重庆大明人坚守产业报国的初心，保持精益求精的匠心、久久为功的耐心，以实际行动诠释了民族汽车电配企业的职责与担当，为中国汽车电配产业的高质量发展做出了突出贡献。涓涓细流汇成大海，点点星光点亮银河，正是因为“进”与“正”的企业文化渗入每一个大明人的心中，才可能创造出“世界一流竞争力的汽车电器企业”的传奇。

《未来使命》栏目组提供

浚其泉源

2003年，中国上海，黄浦江畔波光粼粼。一个来自安徽黄山的青年人在宝钢的一个生产车间，被钢花四溅的场景所震撼。高温淬炼的蓝色火焰，点燃了他实业报国的梦想，他就是竣云品牌的创始人李亮。

他不是理工科出身，涉及工业机械方面的知识掌握甚少，但这并不影响一个积极投身工业报国的青年学习工业知识的热情。当时中国民营制造业比较集中且最火热的地方，就是中国的温州。同年8月，李亮人生中第一次踏足温州，并深深地爱上了这块土地。温州永嘉瓯北镇，在这个不起眼的小地方，却涌现了诸多知名品牌企业，包括奥康集团总部、报喜鸟集团总部、红蜻蜓集团总部等。同时中国知名的民营机械制造泵阀集团，如东方泵业、凯泉泵业、南方泵业、开维喜阀门、良精阀门、熊猫机械集团、黄工机械集团等企业的总部也都在这里，故此地素有“中国泵阀之乡”的美称。温州人的勤劳奋进、不畏困难，敢为天下先的奋斗精神深深地感染着李亮的内心，同时也为他将来创立“竣云集团”，努力打造中国中小企业高端民族品牌的“竣云梦”“中国梦”奠定了强大的理论与实践基础。

2008 年 7 月，李亮创立了人生的第一家企业——上海阳月泵业有限公司，该企业将全球高端的泵类流体设备进行了整合。从成立之初 2~3 人的小公司，李亮就注入了科技、服务、创新的种子，大到公司品牌战略规划、市场定位、营销、售后服务体系的搭建，小到商标的申请，公司电子样册的设计等，他都亲力亲为。为了更深入地了解工业企业一线的工艺及设备实际使用状况，李亮冒严寒、顶酷暑，全年有 200 天以上都是在各种工业现场，从不知疲惫，从国家火力燃煤电厂的点火系统、油净化系统，到国家石油储备库的储运系统、石化的炼油装置、钢铁的液压润滑系统、船舶的轮机系统、中国煤焦化行业的焦油氨水分离系统等，由于长年奋斗在刺鼻、高粉尘的一线现场，李亮患上了过敏性鼻炎。

时光铭记奋斗步履。不知不觉中度过了不少日夜，李亮的辛苦终于没有白费，他掌握了大量工业现场的一手资料，也为企业日后转型为科技创新公司奠定了强大的理论和数据支撑。

真金淬入烈火，钢铁投入火炉，有机物在炼炉里百转千回，经过一次次的焦化，拔起了我们的现代化工业……

在烈火与炙热中，老一辈焦化人夙兴夜寐，宵衣旰食，默默地奋战在产业一线，才有了中国工业在当今世界上的地位。

焦化行业为我国的工业化发展做出了不可磨灭的贡献，同时它也是环境污染的“主力军”，是仅次于火力发电的国内第二大用煤大户，其生产过程中产生的二氧化硫和氮氧化物严重地影响了大气的质量，降低了人们的生活环境质量。

作为积极投身中国焦化冷鼓环保新工艺的推行者，李亮深思良久，纵观大局，深刻地意识到：一味地求发展，忽略人，不可行；一味地守旧求稳，忽略创新，不可行。在这样的大环境下，焦化行业的环保改造升级迫在眉睫，势在必行。

欲流之远者，必浚其泉源。为了积极响应国家绿色循环经济的发展政策，加快构建绿色低碳经济体系，李亮开始带领他的“竣云创始团队”，在焦化环保创新的路上进行各种尝试。

2006 年，山东兖矿国际焦化公司，漂洋过海，把一个德国淘汰的二手焦化厂搬运到了中国。随后，由中冶焦耐工程公司承接并对这套德国焦化公司的技术进行了转化设计，中国最早的焦化冷鼓压榨泵环保新工艺就这样诞生了。2008 年，中国第一批采用这套新工艺的焦化新建项目陆续投产运行，然而，一切并非那么顺利，不久，李亮发现中国焦化的煤质、焦炉结焦的时间与欧洲有所差异，工人的操作习惯也存在差异，导致这套工艺经常会出现压榨泵系统运行不稳定、预分离器系统堵塞的问题。

2012 年底，在中国南方某大型焦化投产后的 6 个月左右，现场冷鼓车间的核心设备焦油压榨泵系统出现了问题，设备运行过程中一直在剧烈地振动，因为振动得很厉害，导致设备里面的 8 个固定螺丝松动了。如果这样下去的话，固定泵里转子和扇形件的螺丝就会断掉，最终会导致设备轰然趴下，但此工艺段对整个焦化系统来说非常重要。由于煤气管线 24 小时是不能停止工作的，如果这里出现了问题，就会影响后续整个煤气管线的生产，损失将不可估量。当时又临近春节，现场状况十万火急，大家的

心情都非常紧张，德国制造厂又在放假，相关人员一时半会也不能到达中国。李亮得知这个消息后，第一时间就赶到了项目现场，细心听取设备技术人员的现场反馈意见，获得了宝贵的一手信息，随后李亮又马不停蹄地向焦化行业的资深技术专家请教学习，同时克服各种困难，积极与这套工艺的核心制造厂商（德国MAVEG公司）的技术团队沟通解决方案，在三方的不懈努力下，在最关键的时刻，终于解决了这次突发的技术危机。

虽然这次危机暂时过去了，但并没有从根本上解决问题。为了找到问题的最终解决方案，李亮走遍了中国大江南北的焦化厂（钢铁联焦和独立焦化），与现场大量的一线技术工程师交流，开启了中国焦化冷鼓段压榨泵系统优化升级改造之路。皇天不负有心人，终于在两年后，针对中国的焦化现状，李亮与南方某大型焦化工厂、德国 MAVEG 公司共同开发了世界上首套焦化大型压榨泵系统，并于 2015 年 5 月在一煤精排送系统改造项目上成功投用，这套压榨泵系统可以适应中国任何一个焦化厂冷鼓段的工艺系统要求。截止到 2022 年 10 月，这套系统已经无故障成功运行 7 年了，得到了广大用户及行业资深专家领导的认可。目前这套大压榨泵系统除了广泛应用于中国大型钢铁系统内的各个焦化厂之外，同时也被行业里越来越多的独立焦化厂接受和使用。

中国的焦化企业大部分采用传统的卧式机械化刮渣槽（俗称“大船”工艺）和“立式刮渣槽 + 离心机”工艺，这些传统工艺一般需要配备一定数量的重型刮渣机，单台机槽的占地面积大，刮出来的焦油渣含油分高。整个刮渣系统排出的 VOC 有毒有害气体难以收集，焦油渣等危废泄漏点位多且难以收集和封闭式输送，同时焦油的回收率低，造成了企业经济效益的大量流失。特别是离心机分离出来的焦油渣属于危废，目前大多数的焦化企业都是采用人工叉车的方式运输，这样不仅容易造成二次污染，而且人工费用、车辆运输费用也很高，也不利于未来智能化、无人化、绿色低碳的现代化焦化工厂的建设。

2016 年，李亮听说中国北方某大型焦化现场有四套先进的焦油渣输送泵系统，但是这几套系统只运行了一两年就因为输送管道堵塞停止运行了。得知这一消息后，李亮亲自去项目现场了解情况，通过与集团领导及现场工程师的交流，李亮发现了一些问题。后来，李亮又联系了这套输送泵系统的制造厂（瑞士 SID 公司）的负责人和他的技术人员一起去现场调研，通过数次的现场勘察，改变管线弯头安装走向、管道保温系统的改造升级、焦油渣接收系统的优化，甚至是一个小小的控制阀门的设计，李亮和他的团队都毫不懈怠，精心考虑。在集团领导和现场设备技术人员的大力配合下，经过与原制造厂的对接、优化、改进，终于在 2018 年把之前停用的四套焦油渣输送泵系统又全部恢复了运行。这套封闭式焦油渣危废输送系统的优化完善、智能化的升级改造成功，标志着中国自主研发的焦化冷鼓环保闭环全套新工艺完美诞生，开创了一个中国焦化环保改造升级的新时代。

李亮和他的技术团队自主研发的中国焦化“三废”完美解决方案，是“一种安全简洁、高效环保的焦油提纯及其固废处理系统”（专利号：CN202111413953.7），它由湿式破碎均质系统、高速离心分离系统、智能封闭输送系统三部分组成。该装置系统具有占地面积小、安全节能、低碳环保和智能化、无人化操作水平高等诸多核心优势，同时也能大大提升企业产品的品质，增加产品的产量，社会价值及企业自身的经济价值可以因此得到完美体现。

明者因时而变，知者随事而制。“我相信，未来这套焦油提纯及其固废处理系统，将逐渐成为中国焦化行业冷鼓工艺的主流工艺！”对于焦化行业的未来发展，李亮充满了信心，这也是所有竣云人的初心。

为了这个初心，2017 年 1 月，李亮创办了第二家公司，竣云环保科技工程（上海）有限公司（以下简称竣云环保公司），这是一家专注于国内危、固废循环利用创新工艺的集研发、营销、服务为一体的综合技术服务型高新技术企业。自创立之初，竣云环保公司一直坚持以创新技术服务为发展方向，为工业领域的合作伙伴提供量身定制的一站式工艺解决方案。2019 年 1 月，李亮在中国山东烟台经济开发区成立竣云环保山东分公司（竣云智能科技有限公司），为竣云环保公司从技术研发转化平台公司往技术实体公司发展做了前期准备。2019 年 4 月，李亮担任中国石油和石化工程研究会危、固废循环利用及智能化装备技术中心主任。李亮也是 MAVEG 公司在中国区的首席代表，同时李亮也与德国离心机巨头、瑞士 SID 集团在中国煤焦化领域建立了长期战略合作关系。

2022 年 1 月，竣云智能科技有限公司与烟台万华集团全球研发中心在高性能新材料湿法新工艺这块建立了长期战略合作关系，为竣云集团与烟台万华集团共同打造全球先进的超精细湿法加工联合实验室进一步奠定了合作基础，同时也为竣云集团先进的环保节能加工技术占领中国的化工市场打开了一扇门，开启了中国化工废料高品质再生工艺的新纪元。

李亮作为竣云品牌的创始人、营销战略专家，凭借跨界创新、多元融合的发展理念，在中国环保、制造行业深耕 20 余年。

2022 年 4 月 7 日，经国家市场监督管理总局批准，竣云智能科技有限公司正式更名为“竣云智能装备集团有限公司”。一个大有可为的时代，定义着值得期许的未来，这一刻，竣云人被赋予了新的使命，开始了新的征途。

“汇聚全球科技，缔造百年竣云”是竣云集团的发展理念。竣云环保公司拥有多项国家发明专利及实用新型专利技术，它以“一种安全简洁的焦油提纯及固废处理系统”“改良性沥青防水卷材废料回收工艺”“一种废旧轮胎的循环利用工艺”等，根据公司多年的服务经验，整合了全球先进的供应链资源，为不同领域工艺中的用户提供了更多更好的解决方案。

一身本领投伟业，一寸赤心唯报国。一代人有一代人的长征之路，李亮将带领他的一支年轻的、富有朝气的、拼搏奋进的、充满正能量的竣云“战狼”团队不断地去整合和提升中国中小企业制造资源和技术创新能力，为共同打造中国中小企业高端民族品牌，为早日实现中国工业互联网创新数字平台走向世界的“竣云梦”，为中国制造 2025 而努力奋斗！

忆往昔，峥嵘岁月十余载，立竣云基业；

看今朝，励志笃行新时代，创环保新篇；

愿明天，风雨同舟共百年，展鹏霄万里。

《未来使命》栏目组提供

手绘蓝图，助力中国工业 4.0

2021 年年末，元宇宙席卷全球，铺天盖地的元宇宙概念引起了阵阵狂欢，许多人只闻其名，却不知其意，部分人可能知道这是由科技精英掀起的一场关于未来的可能性的探讨。而作为一名曾在硅谷工作过的科技精英，贺圣茗看着朋友圈刷屏的元宇宙，看着各大网站的视频解说，一股热血涌上心头，前所未有地激动起来，他感觉属于自己的时代就要到来了，这一次终于轮到他站在时代的风口了。

时间倒回到 2019 年，彼时的贺圣茗还是在硅谷打拼的异乡人，即使是在硅谷这个人才济济的地方，他也不甘于落后。在硅谷，他从事人工智能行业；在工作间，散乱的图纸堆满他的办公桌，图纸上是他突然迸发的灵感，抑或是涂涂抹抹之后不断完善的成果，他将它们称为“作品”，没有人知道这些“作品”将会在什么时间、什么地点问世，但身处一切皆有可能的硅谷，他专注于自己的热爱，始终在桌前不知疲倦地画着。

在硅谷，除了在办公室，贺圣茗的身影还时常出现在各个路演厅里，在美国生活多年的他，可以讲一口流利的英语，这足以支撑他在路演厅里向他的同行展示自己的最新成果，他们因热爱相聚在这里，每一次的演讲都充满激情，因为他们的发现很有可能推动人类科技的进步。

充实且富有激情，新鲜汲取且不知疲倦，是贺圣茗在硅谷的生活写照。在硅谷，他沐浴在科技日新月异的阳光下，他可以全身心地投入自己热爱的事业里，可以第一时间接触到这个行业最顶尖的人才和资讯，可以最大限度地将自己所学所想投入实践、学以致用，这些都是他追求的理想生活。然而，当一切都趋于平静，他总是有些遗憾，他时常在午夜梦回难以入睡之际，想到自己的祖国，想到自己的家人，而只有那时他的内心才感到一丝丝的慰藉。他时常想，自己的理想是用智能改变生活，他也确实绘出了理想中的一张张蓝图，可这是他留学的目的吗？留学的目的究竟是什么？

一百多年前，中国派遣出了第一批留学生，他们远渡重洋，开启了留学生涯，当初，他们身上肩负着振兴中华的使命，在那个年代，留学的意义本该如此。那么，在今天呢？

无数个辗转反侧的夜晚，贺圣茗的思乡之心越发殷切，可是，倘若回到祖国，他可以像在美国一样吗？他的智能化道路又能走多远呢？在不停地思考、自我判断中，贺圣茗果断地做出了他自己的决定，2019 年的某天，他坐上了一架飞机，出发地是美国，目的地是中国。

回到祖国后，贺圣茗最强烈的感受是：不适应，一切都不适应。所有伟大理想的实现，在面对现实生活中的鸡毛蒜皮时，就会变得苍白无力。贺圣茗还是孩子时，就被父母送到了国外，当他以成年人的身份回到祖国时，他所要面对的不仅仅是身份的改变，还有生活环境和习惯的巨大改变。在美国，贺圣茗喜欢嘻哈文化，因为他内心向往自由与不羁，但是在中国，他必须变得内敛起来。与此同时，在讲究人情的中国社会，“富二代”的身份确实给了他先天的资源与优势，但是也给他带来了各种条条框框的束缚。创建自己的公司，实现自己的理想，或者说成为一名商人，绝非他想象中的那么简单。

创业之初，他面对的第一个困难便是建立团队，首先他要找到志同道合且有相关专业学科背景的人。虽然中国顶尖高校也是人才济济，但是，招揽人才其实是一个双向选择的过程，无论是价值观、人生观，还是各种管理理念都要方向大体一致，才能谈共谋发展。作为一个刚回国不久的年轻人，他没有足够的资本来获取他人的信任。不过，在热爱的领域里，志同道合的人会不期而遇。如今，他的团队已逐渐成熟，囊括了中外精英。团队组建完成之后，贺圣茗开始着手找场地，他跑遍了广州大大小小的地方，终于在黄埔区找到了比较适合的办公地点。接下来便是令他猝不及防的大量的前期准备工作，与相关各方的沟通，创业的手续之繁多，是贺圣茗没有想到的，也是他没有准备好的。他仿佛一夜之间长大了，来回的奔波和不顺，也让他重新审视自己，深刻地意识到了自己身上的担子有多重。每当遇到挫折，贺圣茗就拿出自己保存的手绘图纸，触摸着它们，就像触摸着自己心里的梦想，迎难而上成为这个年轻人对困境做出的回应。明确思路，梳理步骤，招贤纳士，稳扎稳打走好每一步，终于，2020 年，贺圣茗成立了圣名科技（广州）有限责任公司（以下简称圣名科技）。

当困难一个个被克服，桌椅一件件被搬进办公室归置好，团队的成员一个个到位，贺圣茗终于松了一口气，而他紧接着又要屏住呼吸，等待他的是下一个更加严峻的时刻。当准备回国时，贺圣茗就已经坚定了要将所学投以实践的决心，但那时他并没有明确的方向。在跑完大大小小的工厂后，他发现了工厂里因技术落后而带来的痛点，而这也让他找到了方向与机会。

“做公司的目的，就是想用我学到的理念，我掌握的技术，真正让智能化服务工业生产。过去，铁路上的工人们需要背着沉甸甸的工具箱跑遍火车的每一节车厢，只为检测车厢各个零部件是否正常；工厂流水线上几百名工人机械化地忙碌着，但一个机器或零部件稍有问题，整条生产线就会停滞，流程就会中断；我们要做的就是解决这些痛点，用智能化让生产变得更高效。”

子弹头形状，通体白色，只有成年男性平均身高的一半，这个小家伙便是贺圣茗与团队研制的巡逻机器人，虽然它个子矮矮的，但是它是贺圣茗与团队的骄傲与智慧结晶，也是公司目前的主要产品。它打破了传统监控系统位置固定、有视野盲区等的局限性。在智能化机器人涌入各行各业之际，安检机器人作为安检系统中的高科技产品，投放到各大工厂中，可实现自主运行、全方位实时监控、无盲区。

那么这样一个机器人究竟给人们带来了怎样的便利呢？“对于钢厂来说，设备事故时有发生。紧急抢修要求有足够的备件，作业率降低和备件库存资金的占用，增加了企业生产运营成本。我们的智能运维系统，对设备运行状态实时进行监测并且集中管控，准确报告故障点，通过大数据进行劣化趋势的分析，及时做出维修决策，变被动维修为预知维修，极大提高作业率，降低备件储备率及设备突发事件所造成的停产损失。”

效率是智能化机器人的最大特色，也是贺圣茗在不断的实践过程中，在这个自我探索与中国实际探索相结合的过程中，发现自己想要改变的，贺圣茗逐渐坚定了为国家做点实事的决心，也更加明确并逐渐找到了自己回到祖国的意义。

“我回国的目的，是希望为中国工业 4.0，尽自己一份绵薄的力量。现在很多工厂的效率实质上是不高的。如叉车已经从 A 点到了 B 点，但是我们 CNC 上面机床的工人，还在对一些备件进行一些精细的加工。我想实现的，是可以通过全自动化大数据的管理，通过我们的 AGV 和上料机器人，对整个工厂进行一个效率的提升和成本的降低。”

在实践中，贺圣茗明确了自己的事业线：用智能化设计为传统工业制造赋能。他带领团队稳扎稳打，潜心钻研。经过前期打磨，圣名科技现在已经进入稳定的发展轨道。目前，圣名科技将自己的专注点投放在工业的多个领域：在线状态监测、智能预警、智能诊断、运维服务、软件开发、定制开发等 IT 系统综合解决方案的设计和实施。

依托圣名科技的全生命周期智能运维服务新生态，贺圣茗发起了一场传统工业制造的智能化革命。与此同时，在应用层面，

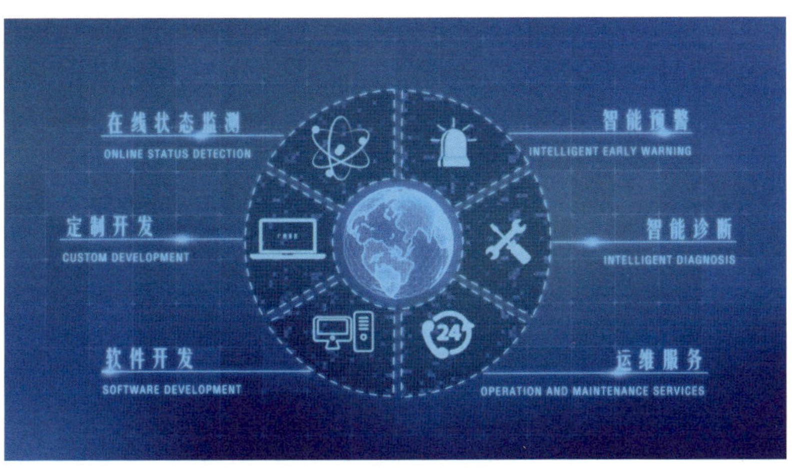
在线状态监测
ONLINE STATUS DETECTION
智能预警
INTELLIGENT EARLY WARNING
定制开发
CUSTOM DEVELOPMENT
智能诊断
INTELLIGENT DIAGNOSIS
软件开发
SOFTWARE DEVELOPMENT
运维服务
OPERATION AND MAINTENANCE SERVICES

公司自主研发的智能传感器、大数据行业解决方案、SaaS 工业服务平台目前已成功应用于多家钢铁企业，实现了对大型工业设备进行实时看护。

如今的元宇宙，给了贺圣茗及其团队又一次机会。工业元宇宙毫无疑问是元宇宙的一个方向，工业元宇宙把智能化、数字化和信息化结合在一起，构成未来工业发展的新基础结构，以此支撑未来工业的发展。智能化是未来不可阻挡的发展趋势，而圣名科技便在这一趋势之中。

对于元宇宙，贺圣茗也有着自己的认知，“元宇宙的本质，就是用最小的成本，预测最佳的未来而为之。我们圣名科技希望在中国创造一个属于我们中国自己的民族科技品牌，将创新与科技落地于工业领域，助力中国工厂逐步实现无人工厂、智慧工厂，从中国制造到中国智造，助力中国早日实现工业 4.0”。

站在元宇宙概念的风口，站在工业智能化改革的浪尖，贺圣茗已经不是那个创业之初的迷茫青年。一个智能王国的轮廓，在这个勇敢创业者的眼睛里逐渐清晰。

《未来使命》栏目组提供

为国立心，为己立命

信息时代后，人类的科学发展方向是什么？无数人为之奋斗，智能化、AR、大数据……在众多可能性中，基因科学势必占有一席之地。人类基因组庞大的信息量和测序工作量，使得这项研究的成果看起来离我们那么遥远。而经过无数科学家的努力，基因测序工作取得了一项项进展，仿佛将这扇人类基因宝库沉重的大门一点点地推开，让我们得以管中窥豹，逐渐了解人类基因组中31.6亿个碱基对排列组合背后的海量生物学信息的奥秘。

楼秀余正是众多基因科技工作者中的一员。他在得知人类基因组测序工作草图绘制完成时，就毅然决然地放弃了原来从事的化工行业，加入人类基因工程技术的研究、推广和应用行业，并组织科学人员创办一家民营科研单位——上海舒泽生物科技研究所。在近二十年的科研生涯中他们经历了跌宕起伏的过程，在楼秀余所长带领下，科研团队克服了重重困难，取得的一点进展，都会让他们欣喜若狂，那是科研工作者对自己为之奋斗的事业的执着与热爱。

楼秀余，1966 年出生于义乌一个普通的农村家庭。从小就对大自然有着浓厚的好奇心，与别人不同的是，楼秀余对于自然的探索没有止步于观察，他常常自己动手实验。从自己种花草树木，到抓各种小动物。童年时期的楼秀余在没有老师的指点下，就已经开始用自己的方式来认识这个世界。八岁那年，在放学回家的路上，一个小伙伴送给了他一样珍贵的礼物——“铜的子弹壳”（其实是铜雷管）。

楼秀余好奇地收下了那个礼物。刚一进家门，他就闻到了一股浓烈的中药气味，发现墙角煎药的木炭炉火苗正旺。于是，他就联想到村子里曾经有人把废铜放入火炉中熔化，并浇铸成各种各样的铜器皿，一个大胆的想法在他脑中浮现，他将那个“铜的子弹壳”丢进了火炉中，想试试看它会不会熔化。丢进去不久，突然，火光一闪，“轰”的一声巨响，雷管爆炸了，将他的前额炸出了两个窟窿，血流不止，他随即晕倒在血泊中。听到巨响的父亲和村里人随即赶到，将他从一片烟雾中抬出来，送往义乌人民医院紧急抢救。

楼秀余少年受伤，祸兮，福兮。

也许是大脑受到了刺激，在出院回家后很长的一段时间里，楼秀余变得沉默寡言，经常一个人独处，但他对自然界的一些细

微变化却变得十分敏感。

从那以后，只要大人们带他到田野上去，他就要问一大堆“为什么”，大家很难回答他提出的问题。慢慢地，他的父母都被问烦了。

直到上学后接触了化学这门学科，楼秀余找到了解开各种奇思妙想的方式，也接触到了第一个认真对待他的问题的人——化学老师黄逸。面对他提出的各种奇怪的问题，即使是自己不清楚，黄逸老师也会认真对待，查阅资料以后认真地解答，这使得楼秀余的信心慢慢建立起来，人也变得开朗许多。更重要的是，在化学这门学科中，楼秀余找到了兴趣所在，一头扎了进去，无法自拔。后来凭借着对化学的敏感，他自己先后破解了进口日化产品、日本高速印刷油墨配方，并先后创办了义乌长虹印花社、万丽达油墨厂、上海邦尔油墨涂料有限公司，进入了他自己的化工产业“黄金时代”。

可是命运往往就是喜欢捉弄人，由于长期从事有机高分子化学合成、手性药物分子的合成与拆分工作，接触了许多有毒的化学试剂，楼秀余患上了严重的鼻炎、咽喉炎、气管炎。几年的时间里楼秀余看遍了全国各地的名医，没有任何改善。正当他失望沮丧时，2002 年年底，一个香港人推荐了一种美国基因重组的 HGH 口喷制剂给他，试用一段时间后，他的症状得到了明显的缓解。兴奋之余，楼秀余也十分好奇，这个小瓶子到底有什么奥秘，能医治他多年求医无果的顽疾？这让他对国内外基因重组 HGH 的发展状况产生了浓厚的兴趣。

他去军事科学院，拜访了军事科学院当时的副院长高锐将军。当楼秀余坦言自己想了解中国基因重组 HGH 的发展情况时，高锐将军介绍楼秀余去找军事医学科学院生物工程研究所的马清钧教授。

马清钧，曾先后就职于军事医学科学院微生物流行病研究所、基础医学研究所、生物工程研究所，历任研究室主任、研究所所长等职，时任军事医学科学院生物工程研究所研究员、博士生导师。

楼秀余联系到了马清钧教授，在这里他了解到中国重组人类生长素 HGH 研究正是马教授的学生张部昌读博时的课题。基因工程与化工行业不一样，它必须依靠前沿的研究，而这个专业的人才又很稀缺。楼秀余得到了张部昌的联系方式之后，又马不停蹄地来到了安徽大学，拜访了安徽大学生命科学学院院长张部昌博士。

张博士说："我们对 HGH 只是做了研究工作，并没有实现产业化。"张博士的话，使楼秀余兴奋之余又大失所望。张博士也看出了楼秀余的心思，接着又说，可以去中科院上海生命科学学院看看，据说他们的 HGH 已经产业化了。

探究国内 HGH 发展状况过程中的几番波折，已经使楼秀余快失去耐心。但是香港人推荐给他的四支 HGH 口喷制剂很快就用完了，为了不中断治疗，彻底治愈自己的顽疾，几经打听，他了解到上海有家美容会所有售 HGH。于是，他来到了美容会所，恰好赶上了美国的 K.C. 博士科普"羊胎素"的演讲，一盒"羊胎素"只有 30 支针剂，价格却高得离谱。当楼秀余翻看了一下全英文包装的"羊胎素"，发现它其实就是 HGH 时，仿佛上帝在他面前打开了一扇窗，这次的意外之喜使他对 HGH 的兴趣更加浓厚，坚定了他继续探索 HGH 的决心。于是，他来到了中科院上海生命科学研究院生物化学与细胞生物学研究所，找到了郭礼和教授，共同启动了“HGH 大分子包裹技术”项目的研究。

2004 年 12 月，该所专家组在 HGH 项目负责人郭礼和教授的带领下，在上海舒泽生物科技研究所所长楼秀余的资助和参与下，研制成功了“年轻乐”HGH 多肽胶囊。该技术领先于欧美发达国家，可以防止 rhGH 在胃中被胃酸和胃蛋白酶的破坏，从而大大提高了 rhGH 在人体内的吸收率，为中国基因重组 HGH 在抗衰老领域的广泛应用打开了大门。2005 年、2010 年，楼秀余的产品先后被中央中国国礼艺术研究院、北京华夏邦交国礼书画院院评选为“国礼产品”。

从接触到寻找，从受益者到践行者，再从践行者到布道者，楼秀余与 HGH 传奇般的故事让人回味。也许这就是最好的邂逅，这就是科学那神秘面纱下生活的一面。

2019 年，上海舒泽生物科技研究所新办公大楼正式落户上海“东方美谷”。18 年的科技岁月，在所长楼秀余的带领下，以“基因科技造福国民”为创所核心宗旨，以“科技兴国、创新为民”为己任，坚持“技术立所、应用立所”的理念，发展基因科学，创新生物技术。分子细胞生物学家郭礼和教授、中国 SOD 之父袁勤生教授、全国天赋基因教育指导管理中心主任姜凤玲女士、安徽大学生命科学学院院长张部昌教授等一大批专业人才为国家生命科学研究保驾护航。2008 年 5 月，上海舒泽生物科技研究所研制出了促进人脑垂体分泌 HGH 的“年轻驿站”活性多肽；2019 年，研究所成功研制出 HGHI 活性蛋白氨基酸复合粉，从而享誉中国生命科学研究领域。截至目前，楼秀余和他的科研团队共帮助过全国近万人在基因层面上进行“基因检测、精准预防、精准保养”，使他们从亚健康恢复到健康状态，远离慢性疾病的痛苦。

正是有这些心无旁骛、孜孜不倦、浸心研究的科学家几十年如一日的艰辛努力，才换来了社会的进步、民族的发展。才有了那些大国重器，才有了如同奇迹的中国制造，才让我们再一次站在世界舞台的中央。

《未来使命》栏目组提供

以诚筑信，以信达名

凌晨一点，路灯下一个穿着黑色短袖的男人合上大货车的后门，对司机说“好了，检查好了，可以出发了”，这是他每天的例行动作，逐个检查车上的箱子包装有没有破损、污染，几十年如一日，他的眼睛里没有疲软或是不耐烦，一如既往平静地目送大货车远去。

他是厦门来得顺物流有限公司的创始人刘治光，他这么做是为了减少货物装卸过程中因破漏情况而导致的重量误差。同时为了提高服务质量与效率，降低客户成本，他常常要装卸货物到凌晨一点。

“做好每一件事，做好每一个细节，只有自己努力付出更多，才能赢得他人的信任，而在物流仓储行业摸爬滚打了几十年，正是以信任为本，我们才有今天，才能一直前行。”

“信任”，是他提及次数最多的词。正如松下幸之助所言“信任既是无形的力量也是无形的财富”，信任就像是接力棒，陪着他走过了人生的一个又一个阶段，为他蓄积了无穷的力量与今天的财富。如今，信任已经成为他人生的格言与信念。

他的故事还要从1985年从山东驶往厦门的一列火车说起，那是一个除夕夜，一个20多岁的愣头青，揣着满行囊的理想和一干二净的口袋，坐上了开往厦门的火车，南下打拼。那时，他只知道这辆火车的终点，却还不知道自己人生的起点。

下了火车，面对匆匆的人群，他无心欣赏厦门的美景，因为他要先去投奔记忆中的四叔。上次与四叔相见的时候，他还是个小孩子，对于四叔的记忆他还是模糊的，只了解四叔在部队服役三十多年，有军人的精神品质，人很正直。而如今自己也已长大成人，模样与当初已大不相同，四叔恐怕也很难认得出自己。

怀着惴惴不安的心情，他到了四叔家门口。十几年未见，四叔对他这个“不速之客”充满了怀疑与警惕，并没有立刻打开门迎他进去，而是隔着那扇门，问了他许多问题。就这样隔着一扇门，叔侄俩一问一答，当门外的人逐渐与四叔记忆中的孩子重合时，四叔这才打开了那扇门，迎他进去。

亲人相见，有诉不完的衷肠话，更何况是久别重逢的亲人，他们两人一坐下来，就停不下来，谈起往事，眼泪直打转儿。

“他和我聊了很多，主要是告诉我要本本分分做人，踏踏实实做事。现在回想过去的很多事情我都是受到四叔的影响。一直是本着这样一种初心，一步一步走过来的。”

守正直而佩仁义，是四叔给刘治光的启发。在厦门他从铁路保安干起，勤勤恳恳，时刻牢记四叔的忠告。尽职尽责的他很快便熟悉了铁路的工作，在巡逻之际，他认真地观察，很快发现了一个商机，以及这个商机背后的漏洞，使得一些投机取巧之人有可乘之机。一开始他愤愤不平，后来想起四叔的话，他决心改变这个现状。

从 1987 年开始，全国各地发往厦门的粮食、啤酒、苹果、饲料、水泥等货物，以及闽南生产的琉璃瓦、新兴建材、水果罐头等销往全国的货物，都要由铁路运输，然而每个城市的铁路线就那么一条。巨大的市场需求和铁路运力供给的不足，使很多铁路货运代理站点抓到商机，除了平常的代理费用，他们开始收取高额的服务费，而这也已成为行业内一个不成文的规定。要知道在当时，人均月工资还不足 500 元，服务费动辄却要上千元，对于常人来说俨然已是个天价，市场供需严重失调。

“当时代理铁路货物运输正常的服务费也就是每吨 1.5 元，即每车 90 元。所以每车 1000 元的服务费在当时是非常高的，也挺诱人的。如果他把后续服务做好，收了这笔钱也就算了，但实际上很多代理公司都是只收钱不服务。”

经过一番思想斗争，刘治光决定加入代理铁路货物运输这一行业，但是他瞄准的不是那天价服务费，相反，他想要改变这一现状，他只收取理所应当的代理费用。在不收取服务费的情况下，

他帮助客户办好车站到货、发货的一切手续，并帮他们接货、发货。

“万事开头难”，刚开始人们对于这个青年总是有所怀疑的，毕竟他没有正规的公司做背书，况且还是个外来务工人员。怀着满腔的热情，刘治光终于蹲到了第一个客户，对于双方来说，这仿佛是一场赌注，有关信任的赌注。刘治光忙前忙后，如约帮客户安顿好一切之后，他终于赢得了进入铁路货运代理行业的门票，打开了他的代理大门。

就这样，刘治光踏踏实实、简简单单地把事情做好，尽好自己的本分，一步一步地赢取了客户的信任，得到了他们的认同。在周围人蝇营狗苟、钻漏洞、挣大钱的时候，他始终坚持本心，以诚为本，以信达名。正可谓，“山中人自正，路险心亦平”，也正是这一份初心，让他的路越来越平，越走越宽。

2001 年，刘治光成立了来得顺物流有限公司，凭借自身的信誉和勤勤恳恳的努力，刘治光的公司得到了许多客户的青睐，逐步步入正轨，而他也在厦门的物流仓储行业站稳了脚跟。伴随着时代的发展与进步，铁路货运代理行业在国家的治理下也日趋正规化，大浪淘沙，那些不规范的企业被淘汰掉，刘治光的企业在这波大浪中留了下来。

能够扛住时代的洪流，这与刘治光坚守诚信的本心是密不可分的，而所谓诚信，不仅要信守诺言，还要待人真诚，不仅仅是取信于人，还要施信于人。

2004 年，有人带着两个外地人找到刘治光，他们自称是某央企化工企业的员工，来到这里开拓华南福建这边的市场。因为没有相关的手续，他们的货物被困在厦门铁路那边提不出来了，每天还会产生不少的仓储费用，手续一时半会又办不下来，他们两个人生地不熟的，也只能干着急，几经周转这才托人找到了刘治光。

刘治光看两人态度诚恳，又是央企的人，便决定相信他们。他尽自己所能，能做就做，能帮就帮。不仅用自己的信誉担保，将货物领了出来，还对相关费用进行了垫付。在没有签订任何纸质合同的情况下，刘治光帮助两位以前素未谋面的陌生人渡过了难关。然而，大半年的时间过去了，那两个人如石沉大海般没了消息。此时的刘治光有些焦急，但他还是选择相信他们，即使之前他也被欺骗过。

所幸，刘治光这次押对了赌注，年底，那两个外地人回来了，还带着单位分管调运的同事一起来到厦门。他们不仅将之前垫付的费用还给了刘治光，还代表公司与刘治光的来得顺物流有限公司建立了长期合作关系。也因此，来得顺物流有限公司与央企展开了合作，刘治光的公司也获得了长足的发展。从信任到被信任，刘治光的事业看似好运连连，但其实，他也受过挫，也迷茫过，不过，好在他始终不忘初心，砥砺前行。

“我从小是在北方长大的，骨子里可能就有这么一点侠义的色彩。自己一心想着先把事情做好，必须还要有担当，才能赢得他

Haier

USCITA DI
EMERGENZA

人的信任，因为信任只有一次，失去了找不回来的。所以绝对不能辜负别人对你的期望，信任毕竟是相互的，只不过我先迈出了这一步。”

信任，于刘治光来说，是他个人侠肝义胆的小品质，于刘治光的公司来说，却是立身之本。小信诚则大信立，不论是刘治光数年如一日地帮客户检查货物包装，还是他一开始踏踏实实地干业务，或是他毫不犹豫地伸出援助之手，被信任与信任，为刘治光及他的公司带来了一次次的机会。

如今，来得顺物流有限公司已经跻身福建省物流行业中的前几名，其合作伙伴也从之前的一家央企扩展到中国神化、中煤能源等多家央企及海尔、格力知名品牌，仓储面积也已扩展至 25 万平方米，团队现有 120 多人。从一人到百十来人，刘治光的团队不断壮大，而他始终不忘初心，他的公司也秉承着诚信第一、服务至上的宗旨。

未来，厦门来得顺物流有限公司也将紧跟时代的潮流，在自动化、数字化物流仓储领域继续投入精力和时间，努力提高货物流通效率，节约运行成本，更好地为用户服务。而在新时代的背景下，仓储物流行业也将注定进入一个全新的发展时期，在新时代书写出新的辉煌。

《未来使命》栏目组提供

新油墨世界

2000多年前，中国人以松烟、胶、水制成墨，书写在竹帛上。

1000多年前，中国人发明雕版印刷术，制墨工艺进一步发展。

500多年前，德国古登堡发明铅合金活字印刷，用灯烟做颜料，亚麻油为连接料，制成现代油墨雏形。

100多年前，随着科技发展，油墨制造商可制作出不同色相、明度、饱和度的油墨，现代油墨工艺成形。

2000多年岁月变迁，油墨原料和工艺已发生翻天覆地的变化。进入20世纪之后，一代又一代油墨工程师仍在不遗余力地创新、研发，从油性油墨到水性油墨，再到能量固化油墨，每一次的进步迭代都在推动印刷行业的发展。为顺应时代的要求，油墨不仅要传递信息和美，还要做到环保低碳，这不是“研发”二字可总结的，它是无数的心血和时间，是无数次失败之后的成功。

山西精华科工贸有限公司（以下简称精华科工贸）正是油墨领域的先锋者，也是当前烟包印刷油墨的领导者。

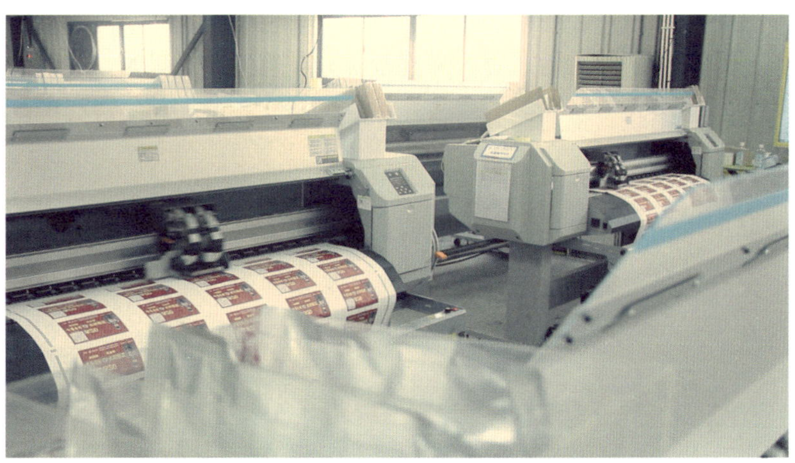

他们的故事，要从 40 年前说起。

1983 年，刚毕业的白鹏飞被分配到太原油墨厂晋源分厂，后因与厂长有工作上的分歧，向主管副厂长提出调离申请，副厂长拒绝并扣留了他的调离申请。这位副厂长叫王尔健，多次找白鹏飞促膝谈心，将他留了下来。

王尔健的真诚与胆识让白鹏飞印象深刻，而白鹏飞的耿直和认真也让王尔健颇为欣赏。

晋源分厂是太原油墨厂与晋源镇政府建立的联营企业，在那个时代是新事物，但经营理念依然陈旧，主营的塑料表印油墨因质量问题长期滞销，贷款无法偿还，拖欠职工工资，到 1985 年已濒临破产。

这时王尔健主动请缨，来到晋源分厂兼任厂长职务。

他利用联营企业的政策灵活性，大胆改革经营管理机制，带领以白鹏飞为首的技术团队改进塑料表印油墨质量，与市场接轨，将其推广到了性价比极高的塑料挂历市场，并成功研发出塑料里印复合油墨，替代进口、节省外汇，荣获当年山西省科技进步一等奖。

在改革浪潮初现的年代，王尔健带领团队勇立潮头。随着销量猛增，工厂效益快速提升，到 1988 年晋源分厂扭亏为盈，到 1990 年创造净利润超百万元的佳绩，成为太原市改革开放示范企业。

在辉煌时刻，王尔健选择了离开。

在白鹏飞眼中，王尔健是个特立独行的人，他的很多想法是超越了那个年代的，尤其当时处于改革开放的混沌期，他的做法招致不少非议与排挤。王尔健被派往党校学习后，便主动辞去各项职务。

王尔健离去，白鹏飞拒绝接任晋源分厂厂长职务，追随王尔健下海创业。

20 世纪 90 年代，邓小平南方谈话之后，改革的浪潮汹涌而来，没人能躺在曾经的辉煌上岿然不动。顺势而起，沧海横流，方显英雄本色。

可什么是顺，什么是逆呢?

两人先后尝试了不少项目，屡战屡败、屡败屡战，一直到 1996 年，他们才选定并专注于烟包纸张凹印油墨。这种油墨当时全部依赖进口，王尔健认定，这就是顺势。

当时白鹏飞负责产品技术，王尔健负责市场营销，全国各地跑市场，因为是新公司，又是新技术，客户难以信任。王尔健在一次次的无功而返后，终于迎来一个机会——“君健”烟包原本采用的进口油墨无法满足其特殊基材流平的技术要求，寻求替代品，王尔健全力争取下来。

白鹏飞拿到项目，来不及高兴便立马钻了进去，没日没夜地做实验。虽然是第一次做，但王尔健十分相信他。白鹏飞做事较劲，只要是答应下来的事就一定完成，一定做到尽善尽美。经过一个月“豆腐一碗、一碗豆腐”式的反复实验测试，上机一次通过。

新赛道、新材料、新工艺，他们成功拿下首个订单，名不见经传的精华科工贸闪亮登场，打开了新油墨世界的大门。

1997 年，在香港回归的喜悦日子里，王重声通过招聘进入精华科工贸。这批招来的油墨工程师，开启了精华科工贸的精神传承。

王重声的工作作风与两位师父相似，她热爱自己的油墨事业，享受那种苦思冥想、辗转反侧之后突破的惊喜，更满足于被客户认可的快乐。

20 世纪 90 年代末，交通仍不便利，王重声负责一个西安的项目，为了高效率高质量地完成研发，每周往来于西安和太原之间。她经常一个人提着一大桶油墨样品坐夜晚的火车，十几小时后到西安，直奔客户工厂，测试完又坐火车回公司，在实验室继续调试。她经常待在单位不回家，三四天只能睡五六个小时。

她不觉得苦，也不觉得累，她喜欢在实验室里“折腾”，通过自己的努力攻克一个个难关。

经过半年攻关，精华科工贸提供的油墨达到了浅网出全率高、过渡自然、刀线少的良好效果。王重声负责的“金丝猴”的印品合格率达 98% 以上，获得客户高度赞誉，该客户至今是精华科工贸的铁杆粉丝。

精华科工贸有着良好的土壤，在这里十几、二十年工龄的员工很多，它还在不断吸引更专业的人才，综合素质一代比一代强。他们形成了一套师徒传承机制，手把手地教，教技能、教思路、教做人，非吃苦耐劳者不能为继，非踏实坚定者不能为伍，非热爱专注者不能为砥柱。

王重声来公司二十多年，她徒弟的徒弟，以及他们的徒弟都在带徒弟了。从跟着师父学习，到独立负责项目，这个时间不会短，但会让每个人获得真正的成长，反过来支撑企业。

2005 年入职精华科工贸的李荣辉，正是王重声的徒弟，他于 2010 年 9 月完成首秀。那是江苏客户委托的“内衬纸 - 尚品 - 蓝”水性凹印油墨研发任务，因为他们原本采用的溶剂油墨难以达到新版烟用内衬纸的标准。李荣辉既紧张又兴奋，经过近一个月没日没夜地反复测试，完成了这款油墨。其他各项指标获得客户认可，但残留气味一项没有达标，这个问题让他快魔怔了。通过反复排查，李荣辉发现问题出在一款关键材料上，在无法找到替代产品的情况下，试验陷入停顿状态。

他每天走着在想，坐着在想，即使睡梦中也在不停琢磨。有一天他真的在梦中突发灵感，找到了解决思路，通过调整工艺次序，完美地解决了残留气味问题。

还有 1998 年加入精华科工贸的张文义，负责生产管理工作。

产品性能的高低更多取决于设计者的水平，而产品质量稳定与否更多取决于生产者的工作态度。

2019 年 7 月 3 日，张文义接到一起客户投诉，至今令他难以释怀。因包装和品检岗位员工失职，导致一桶油墨同时贴上两个标签。虽然善后处置得当，未给客户造成损失，但张文义深感羞愧，自请罚款，自做反面教材教育员工，杜绝类似质量事故再度发生。

精华科工贸的铁律是：质量是我们的自尊心。

他们不想给客户造成损失，更不能让企业蒙羞，所以每个环节必须一丝不苟，必须斤斤计较。

除了传承，当然还有发展。

2001 年，精华科工贸与广州一家公司竞争“英式芙蓉”的凹印项目，对方的项目负责人为陈继东。

陈继东已经拿下了丝印签样，并获得丝转凹的优先上机机会，但因缺乏玻璃卡纸上的凹印经验，经过几昼夜的调试，仍无法正常生产。精华科工贸被客户连夜叫去“救火”，由此拿下订单。

这本是一场再寻常不过的竞争，但陈继东的吃苦耐劳、执着敬业，让白鹏飞产生惺惺相惜之感。在得知陈继东遭老板责怪心生去意时，王尔健和白鹏飞亲自飞往广州，向他伸出橄榄枝。精华科工贸出资成立广州凌鹰油墨有限公司，陈继东以技术入股占

45% 的股权，全权负责凌鹰的经营和发展。

精华科工贸以博大的胸怀和百分的诚意，将昔日的竞争对手打造成同一战壕的战友，为人才引进树立起标杆。

如今，作为灵魂人物的王尔健退出一线，醉心于艺术创作。踏实稳健的白鹏飞担起公司重担，如果说王尔健是高瞻远瞩的白云，白鹏飞便是坚毅不拔的青山，他们一同构筑起精华科工贸守正创新的匠心底蕴。

精华科工贸也从最初的几个人，发展到如今 150 多人的团队，专注于烟草、食品、药品、日用品包装、广告喷绘、装饰装潢等领域的油墨研发，以独具匠心的技术理念和品质服务，成为油墨行业发展的领头羊。

精华科工贸最初专注于烟草包装的凹版油墨，随着企业的发展壮大，对油墨体系不断进行革新。从最早含有甲苯等有害物质的油墨，到环保型溶剂油墨，再到水性油墨，现在正向更加环保低碳的能量固化油墨发展。这也顺应中国各阶段的环保战略，不过精华科工贸一直走在前面。

早在 2004 年，精华科工贸就已经研发出水性凹印油墨，用水替代有机溶剂，减少 VOCs 的含量，初心是为了自己员工和客户生产人员的健康安全，如今已普及整个烟包印刷行业。

在水性油墨如火如荼之时，精华科工贸又开始自我革命，全身心投入更环保低碳的能量固化油墨研发。

精华科工贸的能量固化油墨在蓝带“黄鹤楼”首次成功，目前烟包印刷行业内也只此一家做出成功案例。作为窗口的广州凌鹰成为能量固化油墨研发的前线,不断吸取最前沿的技术，拓展应用边界。

能量固化油墨的独特性能使它拥有极广的应用空间，比如离型剂、装饰板表面硬化涂层，精华科工贸正在协同上下游产业，甚至跨行业共同研发，延伸中国企业的创新力，以解决进口材料早期不卖给中国大陆、关键材料卡脖子等困境。

精华科工贸砥砺打造出了“鹰鲲”品牌，鹰击长空，鲲鹏展翅，其已成为一个行业的“垂天之云”。

企业越大，责任越大。作为全国油墨标准化技术委员会委员单位，精华科工贸持续为促进行业上下游协同发展做贡献，参与起草国标、行标等 11 项，承担市、区、科技部等的研发项目，推进具有完整自主知识产权的科技产业链的发展。

总有些人默默坚守，不辞辛苦，冲在前头，先天下之忧而忧。

《发现者》栏目组提供

生命的律动

生命的活动是从呼吸开始的，吸入氧气，经过体内循环，呼出二氧化碳，这一套动作伴随人类的一生。

生命的律动，就是呼吸的节奏。

呼吸离不开氧气，它是人类赖以生存的基本物质，人体细胞要发挥功能、器官要保持健康都需要它。充足的氧气能提高机体免疫能力，避免和缓解疾病的发生，所以吸氧成为医疗中常见的场景。

20 世纪 90 年代，分子筛制氧机开始在国内医疗行业兴起，相比传统的瓶氧、液氧，分子筛制氧机在安全性、经济性、便捷性等方面拥有明显优势。在山东威海有一家企业，该企业顺应政府政策，由经营了 20 多年的电子器件领域，踏入医疗产业，带出了医用制氧机这个新项目，并成立了一家新公司，专于科研，勇于担当，为制氧机行业、为医疗事业，贡献了自己的使命，它就是威海柏林圣康空氧科技有限公司（以下简称柏林圣康）。

1992 年年初，中国改革开放总设计师邓小平南方谈话后，进一步打破了人们的思想禁锢，激发人们投身市场经济之海的热情。徐兵也是改革浪潮中积极的参与者，他放弃体制内的工作，1996 年 3 月创办了威海东兴电子有限公司。经历二十多年的浮沉，公司逐步走向稳定和成熟。

这时，徐兵看到了医疗器械行业的前景，基于自身对做企业的自信，决定投身这个朝阳行业。

从 2012 年立项开始，徐兵带领研发小组成员先深入调研医用制氧机产品及市场，他们去过日本、美国、韩国，拜访制氧机行业的国内外专家、工程技术人员。他们越来越坚信，依靠他们在电子行业二十多年积累的技术和品控能力，以及执着的匠人精神，一定有能力制造出中国最优秀的医用制氧机产品。

当时国内的医用制氧机市场，主要是欧美品牌和中国的仿制设备，国内企业普遍没有自主技术，设备故障率高，维护又跟不上，医院由十多年前对制氧机热情拥抱，到逐渐抛弃，医用制氧机行业的发展跌入低谷。

调研和下决心是耗费精力的，但真正的研发更要经历磨难、煎熬，要承受不断失败的痛苦和心力交瘁。研发团队由 60 岁的老工程师张智勇领衔，他力求完美，定下的标准是达到世界先进水平。为研发出超越国外性能的产品，他们对每个环节都要求达到极致。为了确定最佳的材料配方与成型工艺，有时要经过成百上千次的试验；为了找到一款合适的黏结剂，他们走访了国内外近 20 家黏结剂厂家，进行了 200 多次对比试验；为了机械气体分配阀这个配件能够达到 15 年使用寿命，他们进行了 5 个月的加速试验，不达目标就重新试验……每一个配件的设计、每一个环节的验证，没有 99%，只有 100%。在这期间研发团队工作到凌晨 2 ～ 3 点是常态，睡梦中一个灵感出现，夜间 2 ～ 3 点起来开始工作也十分常见。

徐兵谈起这一段时光，满是感叹。他一次次怀揣希望，又一次次失败沮丧。有两年多的时间，他每天夜里惊醒，胸前全是汗水，到早晨又昏昏欲睡，一整天精神恍惚，头发迅速变白，浑身没有力气。有一次痛风犯了，他为了能坚持上班，将两种药一起吃，导致双股骨头坏死。

2017 年的一天，徐兵在上海虹桥机场准备返回威海时接到公司研发电话，一个配件验证又告失败，当时他眼前一黑，瘫软下去。当时公司已经到了山穷水尽的地步，为了这个项目，投入 4000 多万元，赌上了公司的所有。幸好威海市政府及时出手支持，才让他们渡过这次难关。

2018 年，柏林圣康拥有自主知识产权的雷尼根智能四塔医用制氧系统终于研发成功，实现三大技术突破：用机械气体分配阀替代电磁阀，用专利技术的复合分子筛替代常规分子筛，用智能四塔机替代传统两塔机。雷尼根智能四塔医用制氧系统是对传统两塔制氧机的全面技术升级，它在故障率、能耗、噪声、使用寿命等方面都有颠覆性的突破。与现在医院普遍应用的两塔制氧机相比，雷尼根智能四塔医用制氧系统是传统两塔制氧系统 1/2 的能耗、2/3 的体积、3/4 的噪声、3 倍长的寿命。他们敢对用户承诺：浓度 10 年不衰减，设备 10 年无大修。行业里现在也还没有哪个厂家能跟随这个承诺。设备在 10 年的运行和运营过程中，雷尼根智能四塔医用制氧系统相比较传统两塔制氧机为医院节省了近 40% 的能耗和设备维护成本。

雷尼根品牌的医用制氧机和制氧系统产品，其品质、性能、能耗等关键指标已经优于国外一线品牌。雷尼根品牌医用制氧机已出口到美国、英国、韩国、墨西哥、尼加拉瓜、尼泊尔、印度、马来西亚等国家和地区。

目前，性能更优异的低压六塔医用制氧系统也已完成研发工作。2021 年，柏林圣康登上工业和信息化部专精特新国家首台（套）重大技术装备推广目录，登上工业和信息化部专精特新山东省首台（套）重大技术装备推广目录。

一家企业需要有共同认可的愿景和使命，需要塑造充满凝聚力和奉献精神的企业文化。让先进的企业文化引导公司业务，让员工建立基本的认同感，打造出团队的协同力和正确的价值观。

2018年，柏林圣康第一款四塔机产品定型后，公司从外地请来一位曾参与中国第二代四塔制氧机产品组装和验证工作的工艺工程技术人员。他在专业上确实非常精专，或因工作背景和经历的影响，在工作作风上与柏林圣康团队差距非常大。他不愿透露任何经验，不愿教授他人任何技能，而且拉“小帮派”，导致整个制造团队风气变差。

一方面，公司研发需要持续的、大量的、繁重的工作和资金协调；另一方面，公司需要组建市场、管理、营销等团队，为产品推向市场做准备，这时又有外聘的新入职员工只愿按自己原来的习惯行事，不认可公司的愿景和使命，不认可公司文化。专业与企业文化理念，到底应该选择哪一样？没有专业，柏林圣康短期内不能发展；没有被员工认可的优秀的企业文化，团队就会像一个没有灵魂的散户个体，各唱各的调，各奔各的方向，企业没有未来。当时真是千头万绪，焦头烂额，人心也很散很乱。

面对这样的情况，徐兵决定先打造统一的认知观，大家要知道从四面八方不同城市走到一起是为了什么，企业怎样才能发展，正确的个人与组织的关系应该是什么样的，我们柏林圣康要做什么样的企业，等等，让企业文化去引导公司的业务，让企业文化渗透工作的点点滴滴。通过一年多的时间，大多数员工有了基本的认同，团队协同力、凝聚力增强，团队中正能量的企业文化逐步形成，他们坚信企业最后的竞争一定是企业文化的竞争。

2021年10月27日下午3时，内蒙古额济纳旗政府向柏林圣康发来救援信息，要求一周之内为额济纳旗人民医院安装完三台50立方米制氧量的医用制氧系统和部分供氧工程。在正常情况下，这至少是20天的工程量。当时，额济纳旗因新冠疫情已被封城，全国有18000多名旅游人员被困在额济纳旗，情况非常紧急，国家卫健委主任赶赴现场。那里的当地医院全部住满隔离者，也就是说公司的设备安装人员要在已经有患者入住的隔离病房进行安装作业。在公司接到救援信息之前，额济纳旗政府通过各种渠道，向全国多家医用制氧机生产企业发出救援信息，没有一个厂家愿意承担这个既有危险又不赚钱的项目。

接到救援信息后，董事长徐兵直接答应："这不是一个生意，这是一次抢险。这不是讲价格的时候，而是应该讲责任、讲奉献的时候。"

接下来本是公司领导思考该如何去做通员工的工作，没想到的是，员工根本不需要做工作，不仅纷纷表示支持，而且踊跃参加。公司用优秀企业文化打造出来的员工，在关键时刻迸发出巨大的能量。公司立即从靠近内蒙古的5个施工现场，抽调15名员工从各自工地直接奔赴额济纳旗救援现场。由于额济纳旗封城，各地已无公共交通通达，员工只能先集中到青海西宁和内蒙古呼和浩特，然后租车自驾，以最快的速度到达疫区的施工现场。同时，公司内部立即派人到威海市胸科医院（传染病医院）学习防

疫知识，用视频方式培训奔往额济纳旗路途中的员工，确保员工在工程救援中必须保证自身安全。

公司出高价租用运输车辆，当晚设备就装车出发，两天两夜后赶到抢险救援现场。

抢险成功，事后公司表彰会上，救援的员工这样说：“把那些需要抢救的人当成自己的亲人，就知道该怎么做了。”

额济纳旗救援不是第一次，也不是最后一次。

2020 年年初，一场突如其来的新冠疫情席卷而来，威海市胸科医院承担威海市防疫任务，由于病号暴增，医院人员不足以应对，公司营销总监常伟锋得知情况后立即组织 5 名公司员工，无条件承担起帮助医院运送氧气瓶的工作，连续一周，直至医院恢复正常工作秩序，受到院方的高度赞扬。

疫情防控期间，柏林圣康还向社会捐助 100 万元，向威海职业学院捐助 60 万元，向西藏阿里和山南的医院各捐助一套医用制氧系统。关键时期，柏林圣康支援贵州小汤山医院抗疫建设，支援云南省疾控中心抗击疫情，支援内蒙古自治区兴安盟第三人民医院抗疫建设，支援武汉多家医院抢险，支援威海市方舱医院建设，等等，取得了巨大的社会效益。

氧气是生命的动能，这样有担当、有责任感的企业，也是社会发展的动能。

生命没有高下，但生存环境有高低。

制氧设备除了用于医疗系统，还用于缺氧严重的高原。援藏干部、高原驻军，以及当地居民，长时间处于缺氧状态，对身体健康有很大的影响。为他们提供更好的生活生存环境，也是柏林圣康一直在努力的方向。

徐兵曾多次前往青藏高原，亲身感受那里的缺氧环境。在这片“生命禁区”， 驻守士兵们时常要忍受高原反应带来的头疼脑涨、记忆力减退、食欲下降、晚上失眠。

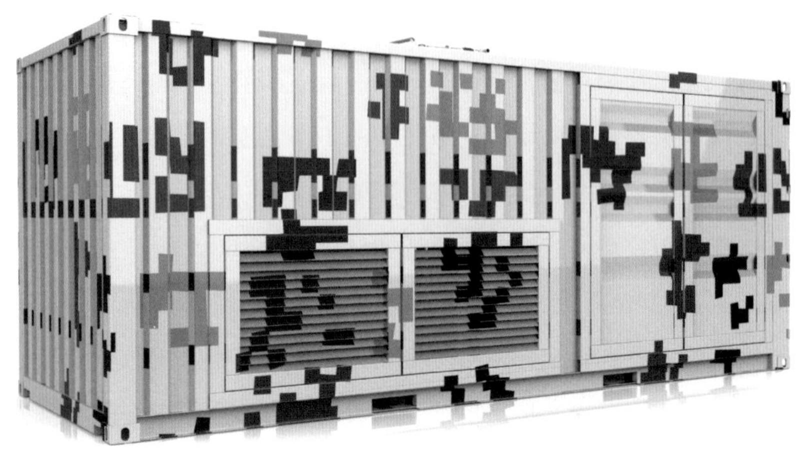

高原供氧保障，势在必行。

柏林圣康针对高原环境下部队、检查站、路建工程等场所对制氧机的需求及环境特点，研发了专用于高原环境的医用制氧系统。与传统两塔制氧机相比，它的吸附压力低，更适应高原环境，最关键的是能确保故障率低，能让战士们放心用，同时能节约 30% ～ 40% 的气量，减少 30% 以上的供电量。该系统满足在环境温度 -40 ～ 40℃条件下正常工作，并可根据需求移动车载使用。

柏林圣康凭借领先的技术优势已陆续拿下青藏铁路沿线制氧系统维护项目、与军工企业配合研发部队新型车载制氧装备项目、川藏铁路建设工程制氧机项目、西藏阿里部队制氧设备项目、新疆边防哨所供氧项目。由于产品质量优异，得到专家的认可，2021 年被邀请与首都医科大学附属北京医院等单位共同制定军队高原用氧标准。2022 年 4 月，为了更好地服务和解决高原缺氧用氧问题，柏林圣康在拉萨成立西藏分公司。

2019 年柏林圣康的研发触角延伸到乡镇医院。1 ～ 3 立方米小型制氧机，是个市场空白。现在世界上质量最好的小型空压机是美国生产的托马斯空压机，医院配备上之后，其连一年寿命都达不到。于是柏林圣康研发团队针对乡镇医院研发了 1 ～ 3 立方米小型制氧机，他们放弃使用空压机的设计理念，改变了小型制氧机的动力结构。这款产品在 2021 年上市，它是全世界第一款低压六塔小型制氧机，可保用 10 年，是同类产品寿命的 4 ～ 5 倍。目前，柏林圣康自主研发的 1 ～ 3 立方米小型制氧机已获得国际发明专利。

围绕着制氧系统的研发课题层出不穷，2021 年柏林圣康针对水产养殖用氧的用氧规律与使用环境，研发了海水养殖专用分子筛制氧系统。系统采用的复合分子筛专利技术解决了水产养殖环境中湿度大、盐度大对分子筛寿命的影响，使分子筛的使用寿命达到 5 万小时以上，远超现有水产养殖制氧机 8000 小时的使用寿命。设备的所有配件采用耐腐蚀设计或采用耐腐蚀材料制作，解决了水产养殖制氧机的耐腐蚀问题。他们又研发了针对水产养殖的智能水质监测及控制联动系统，助力水产养殖的科学发展。

我一定让
标准成为习惯

还研发出了效率更高的融氧技术，增加了水中氧含量的饱和度，使用富氧对养殖过程中产生的氨、氮进行消除，水质也得以净化，有效提高了水产品的成活率和增长率。

柏林圣康在技术研发的路上，艰难执着地继续探索着，并将一直探索下去。

企业的发展、行业的提升、社会的进步，都需要“氧气”，这“氧气”是创新，是专注，是担当，是奉献，是风雨同行、蓬勃向上，是造福百姓、惠及千秋的力量。

柏林圣康是一家制造氧气的企业，是一个充满朝气的团队。在徐兵的带领下，他们向阳而生、逐光而行，不畏风霜、不惧艰辛，以自己独特的生命律动，带动了一个行业，让一部分人，哪怕是一小部分人，有了人生的驱动力。

《发现者》栏目组提供

天山下，玉龙情

“这里是我的故乡，我从小在这里长大，怀揣着对故乡的热爱我创建了玉龙奶业”，郜玉龙走在位于东天山的天然牧场上，看着在远处玩耍、追逐的驴子们，心中有无限感慨。“创建企业的本心就是用自己的良心、诚信及匠心去把新疆最美好的驴乳产

品带给全国各地每位老百姓。”

很多企业家创业的初心，都源自对家乡的情怀、对故土的热爱。在郜玉龙心中，那份浓浓的深情全部融入了对家乡企业的奉献、对品牌质量的严控、对员工的责任。

1995 年，郜玉龙脱下军装复员回到家乡。虽然退伍了，但军人的荣誉感和责任意识始终在他内心深处。即便是在最艰辛的建筑行业摸爬滚打了十几年，退伍不褪色的使命感也始终萦绕在他的心头。

郜玉龙开始从事奶驴养殖行业时，已经是 40 岁出头的年纪。不惑之年的他上有老下有小，想要再干一番从未接触过的全新事业，其中的压力也是可想而知。老话常说，“好饭不怕晚”，在家人和朋友的共同支持下，郜玉龙最终下定决心，要做就要做好！

2016 年 9 月，郜玉龙在新疆伊吾县工商管理局注册成立了新疆伊吾玉龙奶业有限公司，这是一家集饲草种植，奶驴养殖，乳制品研发、生产、加工和销售为一体的驴产业民营企业。

公司计划总投资 5500 万元，一期工程完成投资 2200 万元，其中新疆伊吾玉龙奶业有限公司注资 800 万元。根据产品特点及企业发展需求，构建了“公司 + 基地 + 合作社 + 农户 + 科研”的商业运营模式，使企业步入绿色、生态、可持续发展的道路。

人们往往用“专业”一词来衡量一个企业的用心程度。企业专注核心业务，具备专业化生产、服务和协作配套的能力，其产品和服务在产业链某个环节中处于优势地位。郜玉龙从创办企业之初，逐步提高个人与团队的专业能力。吃五谷杂粮的动物，患病受伤甚至死亡都是在所难免的，为了减少损失，郜玉龙带领团队从零开始研究科学的饲养方法，先后多次请专家亲临现场指导。遇到疑难问题时，他还会亲自进行解剖、分析病因找到解决方案。

郜玉龙深知纯净、优质、安全的奶源是至关重要的关键环节。用他的话说："国内外很多奶制品企业鲜活的案例都告诫我们，想从事这一行业就要从源头上抓起，成也奶源，败也奶源。"

为此，玉龙奶业首创了新疆特色乳业全产业链模式，即实现

饲草种植、奶驴养殖、乳品生产、科研开发、市场营销五位一体的全产业链专业化特色乳品企业生产经营模式。公司还率先建立了新疆特色乳业产品质量信息化追溯体系，加强溯源追踪，实现全程控制，确保上市产品的高品质。

为保证驴乳制品的产品质量，加强源头控制，实施驴乳制品溯源管理，2016 年 2 月，玉龙奶业在伊吾县山南开发区二区投资 1299 万元创建了占地面积约 94000 平方米的哈密鑫源骞驴养殖专业合作社，以此带动县域 361 户农户通过养驴增收致富。同年又在哈密市建成哈密鑫源骞驴养殖专业合作社鲜驴乳专营店，实现自产自销，满足市场需求。

此后，玉龙奶业在专业科技人员的指导下制订了标准化的养殖、疾病防治和挤奶的规程，在精细化管理下，未来三年会增加到 3000 头以上的饲养数量。

有了统一的饲养标准，有了科学的喂养方法，奶源质量因此得到了有效把控。正是这种严谨的工作态度，铸就了玉龙奶业求真、务实的企业文化，这也为高品质驴奶产品进入市场打下了坚实的基础。

现在市场上的奶粉制作工艺，大都以高温喷雾型为主。但在制作驴奶奶粉的特性中，尤其不能高温制作，高温喷雾会对驴奶自身携带的有益成分进行破坏，使其失去原有的营养。为了严保质量，郜玉龙最终选择了市场上在医疗系统和美容行业中常用的

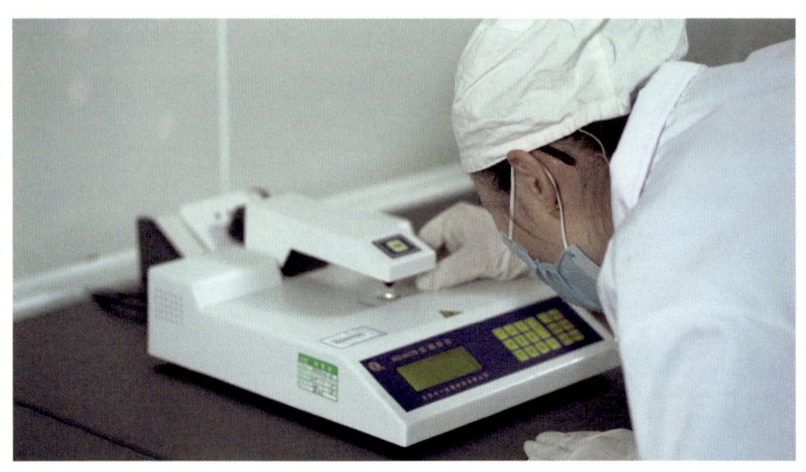

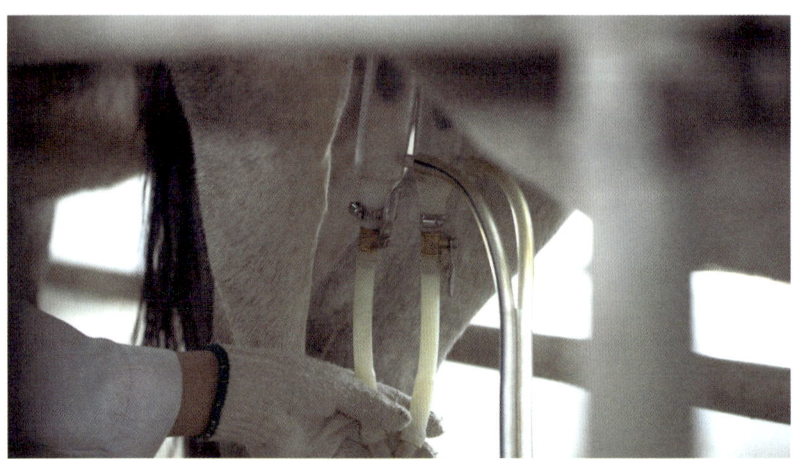

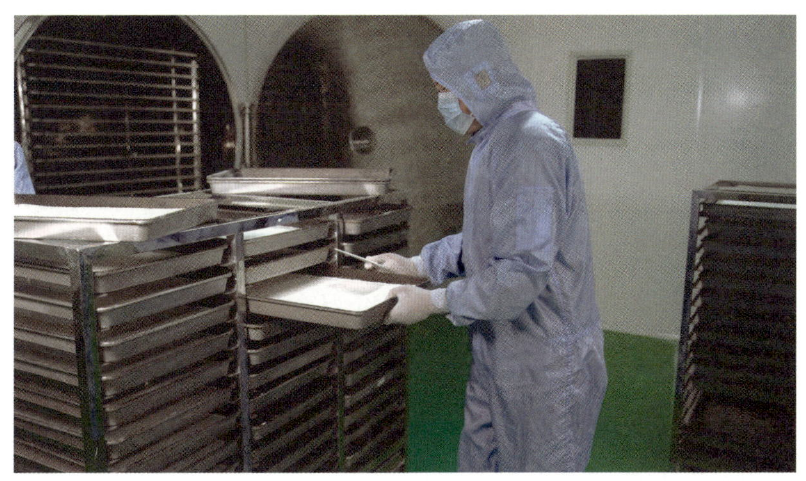

冻干技术进行奶粉生产。

无论是对制作工艺的精益求精，还是在生产制作流程中的精细化管理，一切都只为高品质奶粉服务。在“精细化管理”与“品质第一”方面，郜玉龙从不妥协让步。

在玉龙奶业的生产制作车间，能有效去除空气中 99.97% 的细菌和粉尘，确保所有产品在安全无污染的环境内制造和填充包装，而化验室更是达到了全无菌操作环境。

郜玉龙从源头上抓品质，一点一滴积累经验，不但自己成为产业链上的多面手，也从根本上提升了驴奶品质。郜玉龙在每次出粉时都会亲临工厂督查工作，严查各个环节的卫生无菌操作流程。

一分耕耘，一分收获。玉龙奶业生产的优质鲜驴奶获得了消费者的认可，更令郜玉龙感到欣慰的是，订购过他们鲜驴奶的人马上就成为回头客。郜玉龙说：“我相信父辈们说的话，大家口口相传的才是好产品。”

“我们想把新疆的特色乳制品介绍给大家，把好的产品推荐给大家，为哈密、为新疆做点好事。在未来的日子里我们会坚守驴奶的奶源品质，生产出高标准的驴乳制品来满足广大消费者。”玉龙奶业合作社的魏厂长曾这样说。

驴奶对人体的心、胃、脾、肺、肝、前列腺等多种器官具有

保健作用。驴奶富含功能性乳清蛋白与不饱和脂肪酸，具有增强抵抗力和免疫力、保肝护胃、美白肌肤等独特的功能和作用。尤其是驴乳的所有功效皆为天然，在我国古代医学著作《本草纲目》与《千金食治》中早有记载。通过现代科学长期研究得出的结论是，驴奶与人奶成分很相似，驴奶中的乳清蛋白含量为 64%，是牛奶的 3 倍，维生素含量是牛奶的 4.7 倍，硒元素含量是牛奶的 5.2 倍，但是胆固醇的含量仅为牛奶的 15%，其营养成分比例接近人乳的 99%。

玉龙奶业采用现代生物制药技术，在零下 40℃以下，经低温灭菌后制备成冻干驴乳粉。采用此法生产的冻干驴乳粉能最大限度地保留驴乳中的天然活性营养成分，并且能够迅速复溶，复溶后仍能保持原有的风味及口感，保持原来的化学成分和物理性质不发生变化。同时，相较于其他高温法生产的驴乳粉，冻干驴乳粉中的蛋白质等活性物质不会因变性而使各类微生物失去活力。

冻干技术的特点在于最大限度地保存食品的色、香、味，冷冻干燥对保存含蛋白质食品要比普通冷冻保存得好。在真空和低温下操作，微生物的生长和酶作用受到抑制，这样对饮用卫生更具有安全性。而且由于在真空下操作，氧气极少，因此驴奶中的油脂类得到保护。同时，冻干粉工艺还具有脱水彻底、干制品重量轻、体积小、贮藏时占地面积小、运输方便，以及复水快、食用方便等优势，但缺点是造价高、成本提升。

冻干驴奶粉开始销售后，也吸引了很多回头客。郜玉龙对企业生产的冻干驴奶粉特别有信心，他答谢购买冻干驴奶粉老客户的方式也很特别——赠送老客户一瓶鲜驴奶，让他们自己比较一下冻干驴奶粉和鲜驴奶的口感。郜玉龙说："产品好不好，消费者尝一尝就知道，这是最好的广告。"

在坚持质量第一的前提下，玉龙奶业在品牌创新之路上也从未停歇。目前，玉龙奶业拥有"天山龙源""天山龙驴""隆鑫源"等品牌，形成了冻干驴乳粉、冻干调制驴乳粉、冻干驼乳粉、冻干调制驼乳粉、鲜驴乳等系列产品。郜玉龙的梦想是在不久的

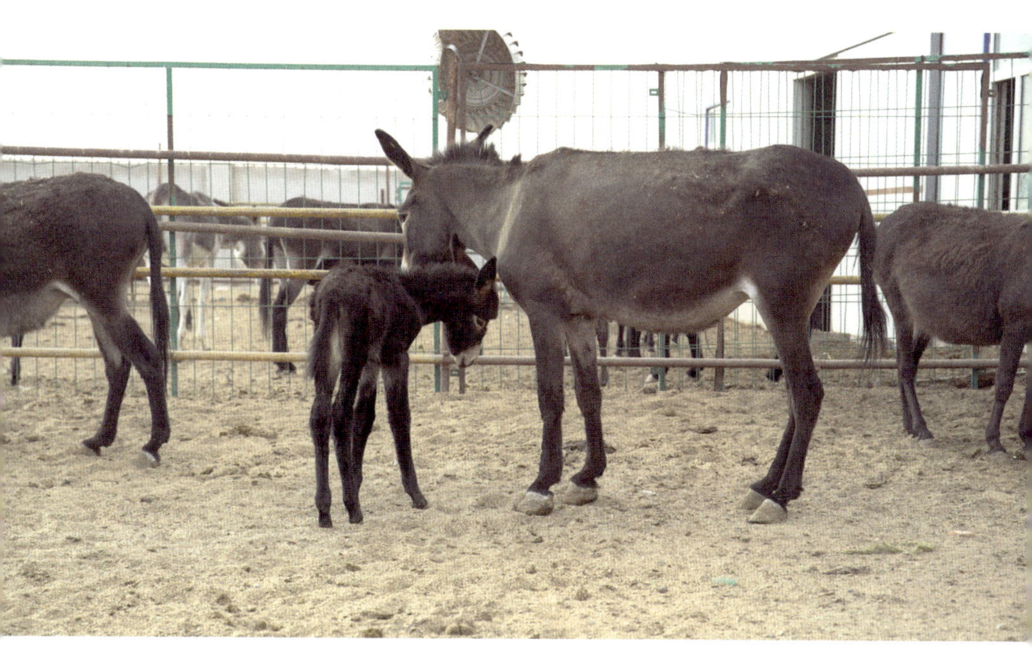

将来，打造出一个在全疆都能够站得住脚的好品牌。

创业这些年，郜玉龙始终坚持严把品质关，有时候宁可放慢脚步追求高品质，也不急功近利、贪快图大。郜玉龙的创业梦虽然起步不算早，但是实现梦想的脚步一定要踩实走稳，这是一个企业能够可持续发展的保障，也是郜玉龙做好这一份事业的坚定信念。

就像东天山那片一望无际的草场地一样，郜玉龙与他的玉龙奶业，对奶制品的追求永远都是那么纯真与原生态，立志将最美的味道带进千家万户。

《发现者》栏目组提供

量子革命

经过近 60 年的发展，摩尔定律濒临极限，经典计算遭遇不可突破的技术瓶颈，但数据仍爆发式增长，算力的需求指数级增加，急需全新的计算方式。量子计算机利用量子叠加和量子纠缠特性可以提供超强算力，带来毋庸置疑的行业颠覆性计算力量。此外，世界上有很多很重要的计算问题，经典计算机不能解决，需要用量子计算机来解决，如药物研发领域的药物分子设计和筛选、化工领域的催化剂设计、人工智能领域的模型训练等。就像飞机的发明弥补了地面交通工具的不足，量子计算机的发明弥补了经典计算机的不足，一旦从实验室走向商业应用，其未来前景将不可估量。

当今量子计算已成为世界各国全方位抢占经济、军事、安全、科研等领域优势的一个战略制高点。2020 年 10 月，中共中央政治局就量子科技研究和应用前景举行第二十四次集体学习。习近平总书记强调，“量子科技发展具有重大科学意义和战略价值，是一项对传统技术体系产生冲击、进行重构的重大颠覆性技术创新，将引领新一轮科技革命和产业变革方向。……我们必须坚定不移走自主创新道路，坚定信心、埋头苦干，突破关键核心技术，努力在关键领域实现自主可控，保障产业链供应链安全，增强我国科技应对国际风险挑战的能力”。

量子力学的一大特点是“量子叠加”，量子比特可以同时拥有 0 和 1 的叠加态，因此，量子计算机可以在一次操作中处理所有的状态。当面对非常复杂的问题时，我们无法用传统计算机解决，而量子计算机可以实现，这就是我们所说的“量子优势”。

未来，一旦量子计算的超强算力在实业领域落地，将彻底改变众多产业的发展格局。据波士顿咨询公司预测，到 2030 年，量子计算市场规模有望达到 500 多亿美元，发展空间广阔。

正因如此，量子信息已经成为全球各个国家发展竞争的焦点领域，也成为我国科技发展的重点关注方向。2021 年 3 月，第十三届全国人民代表大会第四次会议通过的《中华人民共和国国民经济和社会发展第十四个五年规划和 2035 年远景目标纲要》再次将量子信息确定为前瞻性、战略性的国家重大科技项目。

近些年在技术发展、政策重视的加持下，国内量子技术已开始走出实验室，探索在各领域的现实应用，尤其是量子计算，处于产业化应用的最前沿。

量旋科技创始人团队瞄准行业发展前景，怀抱回国创业的热情，开垦国内量子计算行业的荒芜。公司成立于 2018 年，团队成员来自哈佛大学、麻省理工学院、剑桥大学、清华大学、北京大学、中国科学技术大学等全球顶尖院校。拥有全球顶尖学府博士学位的员工占比达 20%，公司现已形成了一支年龄梯次合理、科研创新能力突出、工程实践经验丰富的量子计算专业队伍。公司主营产品包括实用型超导芯片量子计算机、量子计算机射频测控系统、量子计算软件及解决方案、桌面型核磁共振量子计算机等，并依托相关产品提供多元化场景解决方案。

打造一台桌面型量子计算机是逐梦的第一步，也是全球各路人才齐聚一堂的契机，更是全体量旋人追寻量子梦和中国梦的第一个脚印。算力潜力无穷的量子计算机已成为各国英才争相攀登的高峰，从纷繁复杂的仪器设备和扑朔迷离的量子世界中抽丝剥茧，夜以继日，量旋团队在 2020 年年初的全球量子信息处理顶会 QIP 上成功发布了公司的第一款产品——2BT 的桌面型量子计算机“双子座”，并赢得了国内外专家学者的好评。产品不仅刷新了深圳企业创新（国际）纪录，而且已经批量交付海内外客户，深受客户好评。

量旋科技同时还进行实用型超导芯片量子计算机的研发，产品将对材料研发、药物分子筛选、化工催化剂研究、量化交易、网络安全和人工智能等行业产生革命性影响。除此之外，量旋科技还进行量子计算软件开发平台及应用算法与软件的研发，并与国内多个企业和院校合作，取得了多项重大成果。

当今世界科技发展日新月异，科技创新成为引领经济社会发展的动力。从国际来看，科技竞争日趋激烈，国际竞争越来越体现为科技创新能力之争，没有高水平的创新意味着没有国际竞争力，只能在全球竞争格局中处于产业链低端，因此各国都把创新作为科技发展的重要战略。党的十八大明确提出实施创新驱动发展战略，党的十九届五中全会更是明确提出“把科技自立自强作为国家发展战略支撑”，并写入《中华人民共和国国民经济和社会发展第十四个五年规划和 2035 年远景目标纲要》。

面对国外在量子科技以及人才培养与交流方面的管控和封锁，量旋的研发人员深知使命重大，在新一轮信息革命浪潮下，量子计算已经成为国家战略竞争的高地。制造出高质量、低成本的量子计算机，让量子计算机走进课堂，为国家培养大批量子专业人才，促进量子计算生态快速发展，为解决各个行业的实际问题提供更强大的算力支撑，是量旋团队义不容辞的使命。

在普通台式机箱大小的系统中实现量子计算，并不是一件容易的事情，不仅对磁场稳定性、均匀性要求非常高，而且需要超精细的电磁脉冲来操控量子比特、超灵敏的探头来探测微弱的量子比特信号。量旋科技经过三年的技术研发，已成功推出多款桌面型量子计算机产品，产品性能国际领先，受到了国内各大高校和科研院所的广泛欢迎，也已进入香港科技大学、台湾大学、台湾中原大学等中国港台知名大学的课堂。同时，量旋科技认为现阶段量子计算不应该局限于高等教育的范围。为了推动量子计算的教育及普及，量旋科技为各个教育级别的教师和学生提供了多样化的教学方案，致力于建立充满活力和创造力的量子计算人才教育体系，快速推动我国量子计算人才的培养。

新冠疫情没有阻挡量旋人前进的步伐，2020 年年初开始超导芯片量子计算机的自主研发，到建党 100 周年的 2021 年，量旋科技克服了重重困难，搭建起了公司第一台超导芯片量子计算机，向着更强算力、实用化的量子计算迈进了一大步。大国竞争的制高点是前沿科技，坚持自主创新，突破核心技术，引领产业变革和社会进步是量旋人科技报国的使命与担当。

党的十九大以来，党中央总揽全局，坚定维护和推动经济全球化，践行开放发展理念，推动形成全面开放新格局。自创办以来，量旋秉承着以科技之力走出国门，坚守党中央科技强国和开放发展的方针，实现了产品在众多海外发达国家的销售，搭建了全球服务体系。其中，挪威奥斯陆城市大学、澳大利亚西澳大学、加拿大滑铁卢大学、日本东京大学、法国留尼旺大学等国外大学采购了桌面型量子计算机，美国、瑞士、埃及、东南亚等国家和地区的客户也纷纷关注并咨询公司量子计算产品，提出合作意向。

2021 年 11 月 18 日，奥斯陆城市大学联合当地政府以发布会的形式介绍了“双子座”，揭开了挪威第一台量子计算机的面纱。“双子座”的引进是对挪威近 70 年计算机历史的最新贡献，它将用于奥斯陆城市大学信息技术系和人工智能实验室的研究和教学，以及北欧可持续和可信赖人工智能研究中心（NordSTAR）的研究。目前奥斯陆城市大学从量旋科技加购的第二台桌面型量子计算机——新一代产品“三角座”也已抵达欧洲。

同期，“双子座”量子计算机还顺利完成了远在大洋洲的西

澳大学的交付任务。西澳大学始建于 1911 年，坐落于西澳大利亚州首府珀斯，是世界著名顶尖研究型大学，引进“双子座”量子计算机是为供其研究和教学人员使用。

三年多的岁月，逐梦前行，量旋科技取得了杰出的成就。2021 年 12 月 29 日，中国人民银行“2020 年度金融科技发展奖”获奖名单发布，华夏银行的《量子计算机与量子 AI 算法在银行业务领域的应用研究与实践》项目，荣获“2020 年度金融科技发展奖”一等奖。量旋科技作为项目参与方助力华夏银行取得该殊荣。该奖项源于“金融科技发展奖”，是目前国内金融业唯一的部级科技奖项，该奖以高质量的项目申报、高水准的专家评审，成为银行业乃至金融业最高水平科技成果评价的标杆和旗帜，获奖项目所涉及的技术通常被看作金融业技术发展的重要风向标。

2022 年 1 月 5 日，2021 年度山东省自然科学奖揭晓，量旋科技联合创始人冯冠儒博士凭借在量子计算的研究成果“抗噪声量子操作的基础研究”荣获一等奖。山东省自然科学奖是山东省人民政府设立的省级最高科技奖，每年评选一次，2021 年度的自然科学一等奖只授予了一支团队。

此外，量旋科技还荣获了 2020 年 ICT 产业年度创新企业 & 创新产品大奖、2021 年深圳创新创业大赛暨第六届成果转化双创赛一等奖、2021 年度全国颠覆性技术创新大赛优胜项目及 2021 年度科学仪器“优秀新品奖”等。

公司创始人、CEO 项金根博士强调："量旋科技坚持以客户为中心的经营理念，产品设计从用户需求端切入，将客户需求与创新技术融入量子计算产品，真正实现量子计算的实用化和产业化，助力国内量子计算产业的蓬勃发展。"项金根还表示："量旋科技将加快建设开放性、国际化、国内一流的量子计算产业平台，发挥自身成熟的商业模式与科研资源优势，积极拓展国内国外合作领域，不断推动和完善量子计算产业生态系统的建立及发展。"

《发现者》栏目组提供

空中的梦想家

因为一种声音，留下一段记忆。听一段古老的音乐，怀念一段心醉的时光。曾经的旋律里是曾经的自己，亦是我们梦开始的地方。聆听万物之音成为生活在现代的人们所一心向往的，一套好的音响则是我们聆听美妙之音的媒介。但是一套好的音响，它的价格又让多少人望而却步。

在我国有一家本土企业，专注于 Hi-Fi 音乐与家庭影院领域的研发与服务，并致力于“做工薪阶层用得起的好音响”。它诞生于汕尾市，历经多年风雨洗礼依然不改初衷，以优秀的产品性能和诚挚的客户服务在业界树立了良好的口碑与形象，并在音响圈掀起了一股新的“发烧”热潮，它就是汕尾市逸聪音响设备有限公司及旗下“秦朝”音响品牌。

时间回到 20 世纪 90 年代，广东沿海地区经济快速发展，人们开始探索开发日常娱乐活动，“卡拉 OK”在此时传播开来，并成为一种潮流，音响设备亦随着 K 歌娱乐的普及而逐渐走进千家万户，成为电器“四大件”之一。

有一天，秦晓聪在堂姐家无意间听到张学友的《吻别》，一下子被那优美的嗓音与旋律打动。心动不已的秦晓聪从此一发不可收，踏上了漫长的 Hi-Fi 音乐追求之路，并对高保真音响设备产生了浓厚的求知志趣。多年后，他是这么表达自己创业初心的：“我买得起的音响它不好听，而好听的音响我根本就买不起。于是我想用我的所学来打造一套自己喜欢的音响，这就是我创办‘秦朝’的宗旨。”

2000 年，秦晓聪就职于德昌电子半导体公司并担任电子工程师一职。技术人员出身的他利用业余时间对音响系统进行了大量的研究、打磨与优化，并开始用自己多年积累的知识与经验帮助更多热爱音乐但又囊中羞涩的发烧友，为他们量身定制物美价廉的好音响。

勤劳、务实的秦晓聪通过精湛的技能和不懈的努力，通过日益便捷化的互联网平台逐渐积累起 DIY 时代的第一批用户和口碑，并逐步走上正规化的音响制作之路。做人们用得起的好音响——一个自主品牌的音响梦在秦晓聪心中日渐明晰起来。

2008 年，几经思考的秦晓聪终于下定决心辞去德昌电子的职位，创办了逸聪音响设备公司，全身心投入高保真音响研发、制作的领域里来，正式开始了他艰辛的追梦之旅。

自主技术的积累与提升本身就是一个不断超越自我、持续创新的过程，亦是“秦朝”音响力求优异、熬煮品牌内力的一门必修课程。秦晓聪表示：“在专业音响市场不能只有故事，最终是要靠产品实力说话的，研发的投入就是最有力的品牌建设。”

有了公司，创了品牌，秦晓聪带领着他的研发团队深入探讨、消化国内外先进设计理念，并逐步建立起一套独立自主的核心技术体系，其中 BQ3115D 超低音音箱的诞生，作为第一批“秦朝”明星产品，其优异的性能与实惠的价格为“秦朝”赢得了无数的赞誉与支持。如果说 BQ3115D 的出现标志着“秦朝”迈进了一个更加深入的研发阶段并在技术上实现了质的飞跃，那么旗舰低音炮 BQ9118D 的问世则吹响了“秦朝”向高端音响领域进军的号角。这是“秦朝”一个里程碑式的作品，BQ9118D 的登场，标志着“秦朝”在低音炮领域的研发设计再次上升到一个全新的水平。当年的 BQ9118D 凭借出色的性价比和高保真的音质迅速吸引了一大批高端用户并收获了高度的好评。BQ9118D 是当时普通工薪发烧友也用得起的高端低音炮。

就在“秦朝人”踌躇满志，意欲深耕高端领域之际，BQ9118D 却因喇叭单元一个进口核心元件的缺失而面临停产的困境。对于宁愿断货，也不愿降低标准的秦晓聪来说，停产 BQ9118D 是唯一的抉择。同时，倔强的“秦朝人”悄悄地踏上了一条新的研发攻坚之路。

如今的“秦朝”已走出当年 DIY 的初级阶段，拥有系统、

专业的生产设备和一支成熟、卓越的研发和生产团队，并逐步建立起一条完善的音响产品链，产品种类涵盖音箱、功放、低音炮以及多种周边设备。匠心“秦朝”，成绩斐然。截至 2022 年，“秦朝”在北京、上海、广东、广西、云南、四川等二十多个省区市设立了代理服务点。

“秦朝”音响自创立以来，一直秉承“做工薪阶层用得起的好音响”的价值观与发展理念，坚持真材实料、诚以待人，现已发展成为具有一定知名度的自主音响品牌。经过之前的不懈努力与自主创新，2021 年年底，BQ9118D 的升级换代之作 BQ9118NX

终于隆重登场。

作为全新一代旗舰，超低音BQ9118NX配置了“秦朝”最豪华、最顶尖的技术装备：补品级 2500W（RMS）AB 类高保真分体独立功放，新型特种拉伸金属复合振膜，独家持续超高温无忧尖端音圈，Hyper-Index 钕铁硼叠瓦超高积能磁路，Twin-Drive3.0 双弹波长冲程稳芯驱动技术，CoolMagic-6 强化气动散热系统，HDF 高密度环保箱体、黑奢镜面钢琴烤漆，多段参量 PEQ、高低通滤波组合，0 ～ 180° 相位无极调节、平衡 / 单端多路输入输出通信，碳纤缠绕纯铜镀金端子、发烧镀银保险丝，极致考究的金属避震系统以及超越 100kg 的大象级体量……

BQ9118NX 雄厚优雅、文武有道，拥有细腻的质感、充满弹性的氛围及天雷般庞大的动态，轻松驰骋于音乐与影视编剧之间，是“秦朝”续写传奇的顶级旗舰低音炮。

同时“秦朝”一代经典旗舰音箱 QT10 在多年的酝酿之后也迎来了全新的升级。QT 系列产品，是“秦朝”历经十多年积累、发展，厚积薄发的新型 Hi-Fi 扬声器产品，遣材用料极致考究，是“秦朝”当前高端之作。QT 系列音箱采用“秦朝”新一代高性能驱动单元、发烧高阶分频设计、精准声学切割实木箱体、真木皮环保表层处理漆艺、碳纤缠绕纯铜镀金插件、高级音频专用含银焊锡、高纯度单晶铜及金银合金内部发烧连接线。QT 系列集速度感、大动态和真实自然的声音于一体，拥有极低的失真、

极广的频响和极佳的听感，是“秦朝”理念、技术与艺术的结合。

焕然新生 QT10plus 是“秦朝”曾经的扛鼎之作 QT10 的升级版。当年的 QT10 以 3.5 分频 /6 单元的超级奢华配置逐鹿群雄、勇攀高峰，其凭借丰硕的体量、澎湃的气场成功开拓了“秦朝”高端市场，并收获了发烧友的高度好评。

如今的 QT10plus 千锤百炼、再次进化，于喇叭设计、分频调校、箱体优化、外观工艺等细节之处全面升级，同时备受称赞的“大螃蟹”经典豪横中置造型亦得以完美传承，华丽回归的家族老大 QT10plus 必将为听众带来淋漓畅快的听音新体验。

一直以来，在沉浸式高清家庭影院解码领域，占据着绝对主流地位的都是日系几大品牌。2015 年，家庭影院行业进入一个崭新的时代。然而在今天日系遍地开花的解码市场中，具有全景声官方认证并自主开发的国产解码器依然凤毛麟角，国产解码在资源和市场认可度方面明显落后于人。在秦晓聪的中国梦中，不但要做出工薪阶层买得起的好音响，同时还要不断创新，打破国外技术壁垒与垄断，让国产音响真正唱响世界殿堂。“秦朝”音响一直致力于高端家庭影院的探索与实践，为实现“秦朝”品牌的影院解码而努力。

终于在 2021 年年末，“秦朝”成功推出了第一款全景声家庭影院解码功放 DA-1K。其解码、声音和操控都让人耳目一新。DA-1K 的成功是“秦朝”的一大进步，亦是国产解码领域的一件盛事。DA-1K 让发烧友以较低投入来实现相当不错的影院效果，因此 DA-1K 广受好评。而升级之作 AV8011 的问世，更是把“秦朝”全景声整机素质推向了更高的级别。

AV8011 拥有通透厚磁的声底、华丽大气的声场、深邃漆黑的背景和充满力量的动态。调试良好的 AV8011 质感强烈、效果迷人，具有极强的临场感和感染力，是主流级全景声解码功放中的佼佼者。AV8011 一经推出即风靡发烧友圈，不少用户纷纷发帖分享，对“秦朝”AV8011 给予充分的肯定和极高的评价。

“我们很乐意花时间去打磨一款产品，让它的表现尽量趋近于大家心目中的理想。”秦晓聪说，“目前行业‘进口至上’之风颇盛，这是国人对自家底蕴和技术不自信的表现，希望我们的努力能一定程度改变这一现象。”

昨日的风雨已成为历史的篇章，今天的起航是新征程的开端。回顾“秦朝”一路走来的历程，正己、创新、精造、服务的理念始终贯穿其中。“做工薪阶层用得起的好音响”，是“秦朝”一直以来坚持在做的，也是在未来会继续做好的一件事情。我们期待，也坚信，“秦朝”的未来会更好！

《发现者》栏目组提供

“云”上中国，俯瞰世界

数字化转型是各行业生产力提升的最大驱动力，也是未来趋势。数字化转型不是企业战略的选答题，而是企业战略的必答题。数字化转型是当下正在进行的一场任何企业都不可避免的深刻变革，也是任何人都不可或缺的深度转型。

2021 年年末，上海在年度经济工作会议上率先行动，将元宇宙写入上海经信委“十四五”规划，随后，江苏、浙江与北京也开始跑步入场，特别是在“两会”上，北京市政协委员、拉卡拉支付股份有限公司董事长孙陶然带来了两份与元宇宙相关的提案，分别是《关于抢占“元宇宙”发展先机，打造首都经济增长新引擎的建议》和《关于将首钢园建设成为北京“元宇宙”发展试点产业园的建议》，一定程度上肯定了元宇宙对地方经济结构升级的作用。

到底应该如何开启数字化转型之路，又以什么来支撑元宇宙的构建？

为迎接真正的数字时代到来已布局十多年的郭建君认为：“元宇宙最重要的一点是要创造一个极度接近真实世界的虚拟空间，是建立以我们生活的‘碳基大陆’为起点，跨越整个‘算力之海’探寻‘硅基大陆’的过程，先决条件是‘算力海’的搭建。我们北京蔚领时代科技有限公司，这些年来所部署的就是整合优质资源，搭建全新软件结构。誓要带领一批人夺得这个时代的主动权，开启另一个层次的‘哥伦布时代’。”

2007 年毕业于电子科技大学的郭建君，曾就职于中国电信成都分公司，后担任鹏博士集团的游戏事业部总经理。在鹏博士集团期间，郭建君带领团队研发的一款云产品，2014 年上线后总注册人数近 300 万。

工作的这几年使他清晰判断出，未来所有产业的“云”化是必然。

为能尽早一睹心中那片“算力海”的波澜壮阔，2019 年，郭建君创立了北京蔚领时代科技有限公司。创始团队虽只有 7 人，但这 7 位怀揣炽烈梦想的年轻人，都是拥有云游戏行业 6 年以上工作经历、对云业务驾轻就熟的老将。

公司创立之初，7 人“寄居”在朋友提供的一小块空间办公。北京的气候并不和善，冬季沁寒入骨，他们冻得鼻酸头疼，两腿僵硬；夏季暑热熏蒸，整日汗流浃背。得来一处实现梦想的地方已不易，为节省资金，7 人彼此默契地没有开过一次空调。

如今他们已从事云游戏行业十年之久，翘首以盼的科技与网络的契合点出现了，郭建君终能将心中勾勒了十多年的蓝图落笔了。

“通信产业的每一次跃迁，都会给内容的展现形式带来巨大改变——3G 时代，手游、基于移动互联网的各项应用开始崛起；4G 时代，数字娱乐产业大发展，社交内容开始视频化；5G 时代近在眼前，我认为这一次跃迁，会将游戏视频化。”

“过去所有的软件开发是基于算力点，一部手机或者一台电脑，这是一个算力点，所有宏大的设想都被算力上限所限制。过去十多年，网络传输带宽也是制约数字化的一个很大因素，5G 时代的到来，传输数据的速度和宽度提升到了前所未有的一个量级，量变会引发质变，网络传输的数据可以转化为传输算力。未来数字时代的核心是算力与渲染，我们之前和未来的方向，依然是组织建设实现云端实时渲染，为下一个时代各项行业的数字化升级，储备实时渲染的规模，提升实时渲染的效率。”郭建君在谈到对行业对未来的展望时声音都是兴奋而坚定的。

2021 年 7 月，商务部发出了《关于公示 2021—2022 年度国家文化出口重点企业和重点项目名单的通知》，“原神”游戏入选名单。完成“中国文化出海，打造中国文化符号”，从“借船出海”到“造船出海”的转变过程中，蔚领时代的“云渲染”技术发挥了积极作用。

游戏，是通过艺术形式承载现实，承托向往美好的表现途径，对渲染能力考验也是最严苛的，在几十毫秒内完成一帧画面的实时渲染，对很多玩家的终端硬件来说并不容易实现。云渲染技术衍生的“云游戏”技术的出现，打破了算力限制，攻克渲染关隘，将曾经的科技趋势变为现实，赋予了游戏价值体量无限的可能，将游戏的本质变为人类对时间和空间的控制。

作为全球首款单独通过苹果审核上架 App Store 的云游戏，一方面“原神”云游戏版本为玩家节省数 G 乃至几十 G 的存储空间，且跳过了下载与安装的时间；另一方面，能让手机配置不高的玩家体验到比下载游戏更高的画质。减少网络消耗，减轻终端负荷，降低性能门槛，云游戏体验标准被“蔚领时代”“云技术”重新定义。

2021 年，中国游戏产业发展风向标——第 19 届 China Joy 在上海拉开了序幕。近年来逐步兴起、被业界普遍认为是“面向未来”的云游戏受到格外关注，由中国移动咪咕公司、小米集团小米游戏、金山云、蔚领时代联合发起的“立方米计划”也正式亮相。

从产业发展角度解读基于云技术的“立方米计划”，这种联合体的出现无疑是云游戏产业阶段性发展的重要标志，行业内具备技术、资源等能力的企业站出来，将推动产业进一步加速。

游戏本身是民用级软件中对运算、延时、带宽要求最高的。如果连游戏都能够被云化，那么其他的与视频流、渲染和实时交互相关的大量场景，都具备非常大的云化空间。云游戏只是起点，未来很多的工作和生活场景都可以利用实时的云渲染技术让生命更加丰富多彩。

视频云技术让我们从技术与硬件制约中解脱，开发者的创意得到解放，带动各行各业在虚拟世界里得到无限巨大的体验升级机会。传统的数据可视化，平面的图表往往占到绝大多数，单向的信息流动限制了信息的传递量，当数据化交互变为可视化交互之后，我们能轻松实现与数字的人机协同。

刚结束的冬奥会上，涌现出将近30个虚拟人和数字人形象，它们不仅能帮助听障人士进行手语播报，还能普及冬奥知识，解读时事热点。积极探索并参与到数字人应用领域的蔚领时代，为数字人行业源源不断产出优质资产的同时，探索人机交互可持续的商业新形态，在虚拟直播、VR渲染云化、工业软件云化等领域都走到了时代的前列。

郭建君说："目前，我国工业软件主要还是国外软件占主导，从研发的技术难度来讲，工业软件研发涉及力学、材料学、软件工程学等众多学科，想做出好软件非常难，但这并不意味着我们会放缓国产替代化的步伐。现有的架构根本无法打造虚拟世界，现有的用户端的算力远远不够。而云端算力接近无限，这将真正把游戏从硬件制约的客户端项目，拓展成为一个虚拟世界。"

我们的现在也是后人的往昔，文明与文化终将成为无法复原的珍贵遗产。郭建君想通过数字技术达到的，是将人文精神与历史传承“封存”其中，使将来的人们随时可以以此思接千载、心游万仞。

“古今同一月，万里共清辉”，并不单单是古时文人墨客的向往，也是身处数字时代的我们所期盼的。

“我对元宇宙的理解就是可视化的实时，基于实时渲染交互的新交互方式，在任意时间和空间实现人与万物的可视化交互。比如在虚拟世界把张家界、长城、故宫这些名胜古迹都复刻进去，任何人都可以随时通过 VR 身临其境地 360 度去体验、追古溯今。基于此，我的朋友、后代也可以随时找到与我的思维和经历一模一样的‘我’，一起在元宇宙世界畅所欲言、无障碍地交流，任何人都不需要时间和经济成本就能实现资源公平性。”

当前中国 17 个部门出台鼓励“文化出海”政策，各行各业入场元宇宙，“文化出海”才是真正目的。从郭建君质朴的几句话中，我们可以感受到，蔚领时代现在正是打磨助力中国“文化出海”的容器，通过虚拟技术，将积淀千年、厚重的中国文化，伴着“中国风”以覆海移山的力量将中国韵味推向世界。

多项冠军技术光环加身的郭建君并未满足抢占科技创新风口，竭尽所能带领国内的开发者进军国际舞台，抢夺下一个时代的话语权才是其最终目的。

一手抓软件开发，一手抓硬件建设，“两手抓，两手都要硬”，郭建君顺应趋势成立了“硅基大陆（成都）有限公司”，专门研发设计生产高密服务器，为“算力海”开疆拓土，为同行的开发者搭建重要支撑。

将各类游戏引擎、绘图工具等众多工具类软件整合成“工具包”，改变其结构放在云端形成可视化上层界面。下层即是颠覆以往只可识别单台设备的限制，将浩瀚的计算资源和渲染资源组织连接，汇聚成算力之海。在实时运算和渲染的数字世界里，上层开发者动无掣肘，才有机会去塑造元宇宙里宏大的“硅基大陆”。

“元宇宙是一个正在发生和发展的进程，上下层的完善都需要依靠技术的演进。虽然云计算将个体与算力解绑，为搭建‘元宇宙’提供了算力和存储的解决方案，但技术的变化与演进不应局限在里程碑式突破，而是如何为更多人提供创造的能力，让他们不用考虑算力就能将想象渲染为现实，一起迎接一个更温暖、更平等的时代。”

双螺旋结构的 DNA 比单链的 RNA 智能，多细胞比单细胞智能。人类，生而有序，是因为智慧与协作。

现在，越来越多的产业主体聚集在一起，合力解决云游戏发展在内容、技术、网络、运营、宣发等各个方面遇到的问题，说明大家对元宇宙相关产业发展的方向已经形成了共识，对前景也都有信心。

值得一提的是，在公司创立的第一年，只有十多个人的时候，蔚领时代就提出要成为一个“客户尊重、员工自豪、全球领先”的科技企业，如今伴随着云游戏、引擎技术、服务器技术的开拓和发展，蔚领时代在这条路上砥砺前行，离公司的愿景越来越近。

从蔚领时代内部信所披露的内容：“5 年内我们将通过‘方舟架构’和‘硅基大陆’让游戏开发者与算力解绑，开发出下一时代的游戏作品；5 年到 10 年间，我们希望推动游戏产品朝着影视化发展的道路前进；最终我们利用 15 年的时间找到一条通往数字世界的道路。”

蔚领时代现在已经迈入了没有前人经验可以借鉴的无人区。在一片混沌中没有确凿的答案，逐步解开种种技术枷锁，将单体算力链接为“算力海”的蔚领时代，将继续赋予未来开发者无限的发展势能，共同迎接一个刻上中国烙印的新纪元。

《发现者》栏目组提供

科技就是生产力

2021年10月21日，习近平总书记在胜利油田考察调研时指出："石油能源建设对我们国家意义重大，中国作为制造业大国，要发展实体经济，能源的饭碗必须端在自己手里。"

中国正逐步迈向制造业强国，制造业乃至整个实体经济，对能源的需求量越来越大。但是我国石油等大宗商品对外依存度达到70%以上，在百年未有之大变局下，暗藏着不可估量的经济风险。如何将能源的饭碗端在自己手里，维护我国经济稳定、持续发展，是中国能源相关行业、企业都应关注和思考的问题。

PVC（聚氯乙烯）是国民经济的基础化工原料，曾经是世界上产量最大的通用塑料，在建筑材料、工业制品、日用品、管材、电线电缆、包装膜等方面均有广泛应用。中国作为世界上最大的PVC消费国与出口国，2020年全国PVC产量累计达2074万吨，为全球第一。PVC行业毫无疑问是中国最为重要的制造业之一。

PVC主要有两种生产工艺，一种是乙烯法，从石油中提取乙烯，让氯气与乙烯发生取代反应，制得氯乙烯单体，经聚合反应生成聚氯乙烯树脂；另一种是电石法，电石（碳化钙）遇水生成乙炔，将乙炔与氯化氢合成制出氯乙烯单体，再经聚合反应使氯乙烯生成聚氯乙烯。

中国受富煤、贫油、少气的资源禀赋限制，PVC 生产工艺以电石法为主，并且电石法比乙烯法成本更低。因此，电石法 PVC 行业是我国重要的战略支柱产业。

在“碳达峰”“碳中和”政策下，根据《电石行业“十四五”高质量发展指南》，我国计划截至 2025 年，将电石年产能控制在 4000 万吨以下。然而下游 PVC（聚氯乙烯）、BDO（丁二醇）均有产能扩张，其中 BDO 产能扩张预计超 500 万吨，其中电石制乙炔的工艺约 365 万吨（占比 83%～85%），折算电石需求将达到 410 万吨左右。PVC 方面尽管产能扩张有限，但目前相关产能也达到了 400 万吨以上。PVC 和 BDO 对于电石需求合计预计增加 970 万吨。下游新装置投产带来的需求量接近目前电石总产能的 25%，那么电石供需格局将从目前的紧平衡转变为存在明显缺口。

根据国家发展改革委等五部门于 2021 年 11 月发布《高耗能行业重点领域能效标杆水平和基准水平（2021 年版）》的通知要求：每吨电石的基准能耗水平和标杆能耗水平分别是 940kg、805kg 标准煤。这对于西部大部分能耗控制欠佳的电石企业来说不亚于一个重磅“炸弹”。因此，为满足能耗双控、双碳政策和高耗能指标，对现有电石装置提档升级，实施技改已经是刻不容缓的事情。

四川众泰新纪元科技集团有限公司正是一家通过技改提档升级的电石企业。

它于2020年5月成立，董事长孙孟君带领一支电石生产技术团队，初衷是利用在电石生产工艺上的先进技术，解决国内现存能耗水平较高的电石生产装置的痛点，以满足在能耗、环保高压政策下持续发展的需求。

孙孟君，1953年出生于崇州市锦江乡的农村，年轻的时候正处于国家的艰苦时期。孙孟君从小喜欢钻研各种行当，长大后迫于生计，在家乡开始做小生意，慢慢做到建材、玻璃钢制作。而且只要他做了，都能够达到同地区行业前列水平。从改革开放初期到20世纪90年代末，他已经完成了资本的原始积累，成为当地小有名气的企业家。

进入21世纪，孙孟君抓住机遇，跨进电石生产这个行业，从苟家岩峰沟的小电石厂开始，到2004年建设了汶川顺发的12万吨电石炉装置，迅速崛起。2008年汶川地震，顺发公司损失惨重。孙孟君没有自怨自艾，带领大家自力更生，重整旗鼓，仅半年时间就克服了各种困难，恢复生产，在当时起到一个良好的

示范效应。

经过二十余载的发展，孙孟君的顺发公司逐渐壮大，旗下拥有三家生产型企业：茂县新纪元电冶有限公司、茂县鑫新能源有限公司和汶川顺发电熔冶炼有限公司。顺发企业 2021 年总产值近 16 亿元，是四川省内拥有丰富的电石生产技术、铁合金冶炼技术及工业废气循环化处理经验的民营企业。

茂县新纪元电冶有限公司于 2009 年成立，是四川省内第一家生产密闭式电石炉生产装置的企业，年产能超 20 万吨。到 2010 年，顺发企业总电石产能超过 30 万吨，已经是 10 年前的 15 倍。

2010 年以后，随着国家环保政策的出台，加之国内电石企业如雨后春笋般冒出，同质化竞争导致电石价格不断走低，企业盈利空间不断缩小。孙孟君凭借独到的眼光，走访了行业专家和政府主管部门，决定跨入新能源行业，投资建立电石炉尾气生产二甲醚的节能减排示范项目。该项目于 2010 年规划，2011 年开建，2013 年年底顺利投产，建成后成为阿坝藏族羌族自治州唯一一个节能减排示范项目。因该项目组建的茂县鑫新能源有限公司，是国内第一家利用电石炉尾气生产清洁能源二甲醚的企业，它可以实现电石生产过程的尾气零排放，改变了人们对“污染物”的看法，将尾气变成原料乃至半成品，变废为宝，形成了一条循环经济产业链，也符合节能减排、清洁化生产的基本国策。

自创立以来，茂县鑫新能源公司获得了多次国家级、省级和州级的资金奖励支持，在全国行业内都是标杆。

2013 年汶川百年一遇的特大洪灾、泥石流，使顺发公司再次遭受毁灭性打击。加上淘汰落后产能政策的实施，原装置已无法恢复重产。孙孟君当机立断，对不符合政策的装置主动申请淘汰，并考察市场和相关产业，结合自身多年的冶炼经验，于 2014 年将汶川电石装置转产为符合国家产业政策的铁合金装置。多灾多难的汶川顺发公司再一次跨越困难，顺利发展。

孙孟君是一个狂热的技术爱好者，汶川地震之后，他开始琢磨矿热炉的自然功率因数。矿热炉的标准因数是 0.65 ～ 0.75，他的目标是 0.9，这在当时看来根本不现实。一个小数点的自然功率因数进步，必将带来电石生产技术的跨越。

他不是专家，但就想尝试、敢尝试，科技不就是将不现实变成现实？

孙孟君不顾子女和公司上下的反对，投入人力、财力、物力，反复实验，失败重来，再失败，再重来。公司在稳步上升，其实他没有必要去做新研发，但他坚信自己，即使损失上亿元，仍然坚持不懈。

当时这是世界首台 / 套设计，没有任何实物可参考，孙孟君就自己主导研发。一开始技术人员不理解他的理念，没有按他的流程操作，导致反反复复，时好时坏。其间，他换过技术人员，甚至换过一手提拔的总工，他们都没能改变固有观念，害怕超负荷，害怕不安全，不敢尝试。

可不尝试，谈何创新。

2019 年 8 月，中国实现了首台 / 套矿热炉 0.9 自然功率因数，孙孟君的孜孜以求，终于成功了。

孙孟君的两大专利，一是“以相电压为基准调平电极的矿热炉节能操作方法”专利技术，能助力电石行业转型到全面自动化生产；二是“矿热炉节电方法”专利技术，能实现电石生产的节能降耗，对满足双碳和双控指标有着不可估量的技术推动。在不

增加设备和投资的情况下，改变旧的操作理念，矿热炉即可节省7% ～ 10% 的电耗，提升 10% ～ 20% 的产能，这对电石行业乃至整个电冶行业意义重大，节能减排、增加效益，它必将陆续引发一场创新风暴，为制造业注入新的活力。

目前全国有矿热炉 5000 多台 / 套，产量达 2500 万吨，铬铁、镍铁、锰铁等工业硅炉，都存在自然功率因数低的问题，提高自然功率因数之后全国每年将节约近 50 亿度电，而且年产量预计提升到 3000 万吨。

在“把科技转换成生产力”的理念驱动下，孙孟君紧紧跟随“碳达峰”“碳中和”政策，截至 2021 年年底，他个人拥有 7 项专利技术，新纪元公司拥有 10 项专利技术，鑫新能源公司拥有 2 项专利技术，汶川顺发公司拥有 10 项专利技术，众泰新纪元公司拥有 7 项专利技术。

从最初开放式电石炉的粗放式生产，到如今大型密闭式电石炉自动化控制的精细化生产和轻资产专业技术输出；从曾经高污染、高能耗、高排放的“三高”企业，到现今新技术、新能源、新循环的“三新”企业，孙孟君及技术团队在近 22 年的历程中化茧为蝶。他们经历了汶川大地震的重创，经历了特大泥石流的毁灭性破坏，经历了行业不景气带来的低利润乃至亏损，企业最困难的时候几乎到了停产的边缘，种种困难，都成为这家科技集团公司的垫脚石。在孙孟君的带领下，旗下多个企业顽强地活了下来，活下来就有希望，就能继续为国家发展出力。

孙孟君已年过六旬，在他二十多年的创业生涯中，付出了远超一般企业家的精力和时间，他深耕细作，不断研发，通过自己研发的各种专利，突破成本优势，紧跟政策，放眼未来，带领团队艰苦卓绝地奋斗，从而实现企业能力的飞跃，为中国制造业和环保事业尽了一份力，发了一份热。

《发现者》栏目组提供

“播撒阳光”开创农业可复制化之路

中国作为传统的农业大国，我们的祖辈在这片土地上辛勤耕耘了数千年，农耕文化已经深深地融入了中国人的骨血之中，对于农耕的感情，是全世界最深厚和独特的。

中国人在漫长的种植实践中不断总结，形成了丰富的农业种植经验，其中蕴藏着丰富的处世哲学与智慧。

在古代，蔬菜用到了宴席上，上供到祭品里，写进了诗歌里。

在南极，科考队的专家们自己搭了温室，在冰天雪地里种出了蔬菜涮火锅。

在非洲，维和部队中从未种过菜的战士们利用休息时间，也开辟出田地种菜。

就连“嫦娥五号”月壤采样归来，新闻报道也要明确说明能不能种菜。

幅员辽阔的中国，地理环境复杂，光照分布不均，气候类型多变，形成“橘生淮南则为橘，橘生淮北则为枳”的农事变化。

基于人工光环境调控，实现农业可复制化这一伟大设想，则会呈现“淮南淮北均为橘”的场景，势必会将现代农业生产水平推向更高层次。

促使农作物生长最重要的是能量和矿物质，在农作物生长的五大环境资源要素光、温、水、气、肥中，光是影响农作物收成最不可控的因素。能有效地人工干预光环境将成为人类农业文明史上的重大事件和里程碑。

作物的人工光环境调控，可使植物生长不受自然光条件制约，能形成优质高产的农业环境。建立作物可连续生产的作业系统，能实现各类植物优质高产。人工光环境是多学科领域交叉的共性难题，光合新植光照种植项目团队（以下简称光合新植）历经十多年艰苦探索和研究，攻克“农业可复制化”关键技术，建立了农业技术自觉进化理论，突破了农业可复制化的十多项重大核心关键技术，研发出具有可复制化意义的“高效人工生态种植环境”的一系列应用产品，相关综合技术指标实现了行业全面超越性领先。

农业可复制化项目创始人张继强表示，根据整个农业可复制化目标，光合新植核心技术可覆盖产业架构的六个层次，每个层次都带来一次产业变革和创新的机会。“第一个层次是芯片和控制系统生产，第二个层次是高效人工光源制造，第三个层次是种植数据服务，第四个层次是种植装备制造，第五个层次是工业化的种植生产，第六个层次就是光伏 + 光环境调控智慧农业等‘高效人工生态种植环境’的应用系统化解决方案。”

光合新植从全产业链运营角度，对“高效人工光源”和“高效人工生态种植环境”进行自主知识产权布局，将 445 项及 64 项专利（其中授权发明专利已达 76 项）布局在农业可复制化产业链的关键环节上，专利数量在细分行业居全球之首，使这些关键环节的核心技术具备了自主知识产权，完成了 1 万多项细部设计，形成了超过 400G 的各环节详细设计文档，在技术和专利上已经实现了双领先，为中国农业可复制化的实现打下了坚实基础。

光合新植采用高效人工光源，形成农业可复制化的光环境调控，对农作物进行露地光色调控及光强度补充照射，使农作物能够达到高光照标准，农田露地的光环境调控实际应用已经具备了技术和工业条件。

张继强介绍：“植物生长的不同时期，对光谱的需求、光强度的需求都会有不同，当前市面上的光源产品，若需要无极调整光谱和光强度，花费较大，往往无法实现，而光合新植则实现了以很低的代价来调整光谱和光强度，一个灯泡就可满足植物工厂的各种需求，不再需要频繁换灯。”

张继强指出，贵州、四川、重庆、湖南、湖北、广西、江西、安徽等省区市，一般年日照时数在 950 ～ 1250 小时及 1200 ～ 1400 小时，是寡光照最严重或较重的地区。如能通过人工干预，每年能补充 1000 小时以上的光照时数，达到 2000 多或近 3000 小时，光照射即可达到高光照地区标准，如新疆的光照水平，加上适合植物生长的温润条件，我国南方地区将成为全球最好的农业环境，这就达到了改天换地的效果，为农产品高产优质增收提供保障。这可能会改变整个农业产业格局，对当前乡村振兴意义重大，也是国家乡村振兴需要重点考虑的技术面，将惠及全国数亿人。

光合新植目前拥有在光伏板下让作物提质增产的技术。结合光伏发电，在我国 5% 的农地，特别是约 9000 万亩高价值作物农地上加设“光伏 + 光环境”智慧调控农业设施，在发电的同时进一步提升农作物产量和质量，其年发电潜力总量将接近 2020 年全国发电总量的 50%，这将彻底解决国家能源安全问题，沿这个思路甚至可以改变整个世界的能源格局！

大量的绿色电力将助力国家“双碳”目标的早日达成。“光伏 + 光环境”智慧调控农业设施带来的巨大社会和经济效益会掀起一轮农业新基建，拉动国家经济建设投入。未来农业会呈现多重收入，展现出新的希望，在国家乡村振兴战略上创造出一条新思路，可使更多的社会资源、年轻人投身到农业建设中来。

光合新植的一系列探索，本质上就是将农业种植的过程，变成一个可以复制的、标准化的工业化流程。张继强介绍，在光合新植的种植模式中，重点不是去研究植物本身，那部分是植物学

家的工作，而是在种植物种出现优选对象时重现其环境资源要素，实现一次种植，极大地简化了种植技术的研究，使原来异常复杂的种植作业流程变得简单而便于复制。“通过重现优选对象的环境资源要素数据，理论上在世界任何地方，包括沙漠、极地这种比较恶劣的环境中，都可以复制重现相同的种植结果，而且成本也不会相差太多。”

张继强进一步介绍光合新植的核心技术，能将高效人工生态种植环境A复制到B，使B和A具有完全相同的生态环境。因此，可以通过装备实现一样的生态环境，这就展现出一个崭新的创新型农业装备制造产业。重现优选对象的环境资源要素数据，也为

种植数据服务业带来巨大的商业机会。基于同一套农业可复制化的核心技术体系,可呈现出各式各样的农业规模化种植应用场景,如全智能装备化植物工厂、全智能装备化饲草工厂、粮食作物育种工厂、蕈菇粮食工厂等。

农业装备制造业可衍生出承载“高效人工生态种植环境”的多种型式的方舱农场,如“迷你型方舱农场”未来可能成为现代家庭中的重要家电。“迷你型方舱农场”又称“迷你型植物工厂”,也称“众植箱(种植箱)”,一个重要定位就是家用低碳减排产品。在实现超低的种植成本和低能耗的同时,蔬菜快速地生长,有机蔬菜的生产成本仅为几元钱一斤,适宜数百种蘑菇、芽苗菜和叶菜等蔬菜生长，也可做酸奶、甜酒和发酵食品等。种植可控参数约 60 项，操作简单，可实现科研级别的种植调整乐趣，亦即一键达到最佳种植效果。主人出差无人看管时，可远程将蔬菜设置为低温暂停生长模式，返家后继续恢复生长。可控、安全的生态环境技术，让种植的蔬菜能轻松符合有机认证标准，普通家庭都能简便快捷地吃到健康、绿色、安全的蔬菜。

新冠疫情猝不及防地来临，至今已断断续续持续三年，为阻断疫情的传播，居家成了常态。疫情防控工作与保障民众的基本生活需要同等重要，对全域静态管理下大量封闭在家工作和学习的市民来说，食物是最迫切和最现实的问题。看似玩笑话的“家蔬抵万金”，反映了人们吃不到新鲜蔬菜的无奈。如果家中有一套“迷你型方舱农场”，每天可以吃到自己培育的活体有机蔬菜，势必会大大地缓解社会压力、盘活社会资源。那些每天持续工作 18 小时，运输、卸车、投递、千万次分拣的人员可以填补到更需要他们的岗位上去。

张继强介绍，农业可复制化所面向的潜在目标市场的总规模可达 6880 亿元，如果考虑到“光伏 + 光环境”智慧调控农业设施投入应用，这个总规模至少增加 3 ～ 5 倍，约为 3 万亿元。如果植物光环境调控、植物工厂能够在 5 ～ 10 年内被产业和消费者普遍接受，届时植物光环境调控将大量替代传统农业自然生长模式，其全球市场规模可达数十万亿元，未来可能出现营业收入超过百亿元的行业领军企业，诞生新的农业科技产业巨头。

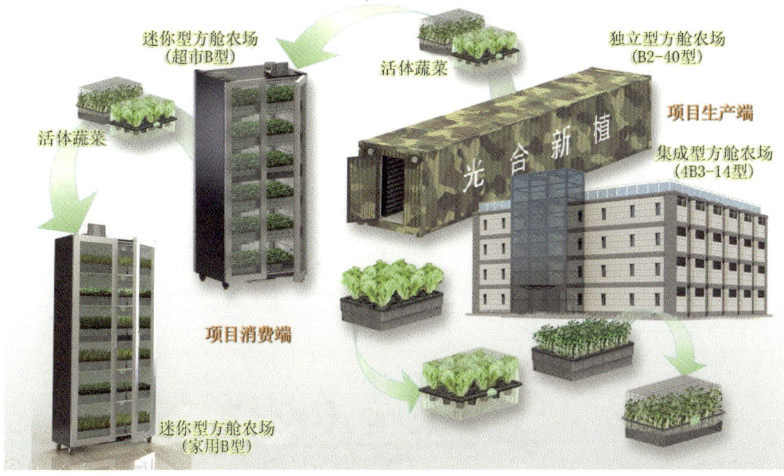

目前，中国农业正处于朝着现代农业以及未来农业 4.0 或称可复制化农业全面演进的阶段，而在这个过程中，国家政策、资本、新技术的结合，产生的风暴级化学反应，将颠覆与重构整个农业产业。它改变的是整个产业的组织方式、生产方式和流通方式，涉及产业链上的每个环节，影响深远。从另一种角度而言，那些在传统农业生产服务中，需要被打破和改造甚至颠覆的痛点，就是农业科技的发展机会！

《发现者》栏目组提供

附录

《影响力时代》栏目介绍

《影响力时代》是发现之旅频道推出的大型高端访谈栏目，让具有一定影响力的人物与知名主持人面对面讲述自己成功的故事，见证影响力品牌的成长传奇，借助强大的影响力来提高企业和创业者的知名度与美誉度，为企业的发展插上腾飞的翅膀。

《影响力时代》栏目秉承央视传承文明、开拓创新的理念，讲述人物故事，分享人生智慧，让中华民族优良品德代代相传。《影响力时代》栏目以实景拍摄与专题访谈相结合的方式，以主持人的视角与影响力人物对话交流，聆听人物背后的酸甜苦辣，分享他们的创业故事和人生感悟，激励青年一代拼搏进取，以积极的人生态度去创造美丽人生。

用影像记录人生，用访谈展现智慧，打造中国人的榜样影像读本，为我们创造一个全球化的时代，展示影响力人物的成长传奇。

《对话品牌》栏目介绍

《对话品牌》是由发现之旅频道于2014年8月推出的大型高端访谈栏目。栏目包括但不限于演播室访谈、企业宣传片、纪录片、专题片等多种类型，全方位展示企业风采。《对话品牌》栏目通过知名主持人与嘉宾的对话与交流，深入挖掘企业亮点，讲述企业家奋斗往事，分享企业成功经验，弘扬企业家匠人精神，提升企业品牌公信力，见证企业的成长传奇。

《对话品牌》栏目以树立中国品牌形象、提升中国品牌价值为宗旨，在全国甄选优秀企业与企业家，以权威栏目为品牌，以独特的视角与品牌的对话交流，着眼于企业未来的发展，感受品牌的温度，提升品牌的高度，展示品牌的厚度。让企业分享成功的经验与成就，让发展中企业展示实力与信心，让地方企业闻名全国。借助品牌强大的影响力展示民族品牌的风采，助推中国制造向中国智造转变，实现品牌中国的宏伟蓝图，共筑绮丽的中国品牌梦。

匠心智造

《匠心智造》栏目介绍

《匠心智造》纪录片栏目聚焦于中国民营企业的发展历程与社会变迁的互动。通过打造匠心产品，中国的民营企业把对国家的责任灌注在“匠心”独运的专注上；通过提供优质服务，中国的民营企业将对民众的承担刻写在“智造”优势的追求中。《匠心智造》栏目记录的就是这样的优秀企业、优秀企业家群体，记录他们在时代浪潮中留下的“匠心”与“智造”的印记和故事。“用心创造，匠心智造”是民营企业对国家品牌的强大的影响力。

栏目以纪录片的形式全景展示企业打造卓越产品、探索工匠精神背后的故事，挖掘在一个行业里坚守几十年，注重创新研发、对产品精益求精的企业。《匠心智造》栏目的每一期节目都将力争从客观的角度，对中国民营企业的生存与发展进行如实地展现和记录。通过纪录片真实的镜头呈现，树立新时代下中国制造的新形象，让国人对中国制造有一个正确认知，呼吁中国制造的匠心回归。

让世界爱上中国造
匠心智造
播出时间：每周六18：00-18：15
每周六23：00-23：15
每周日06：30-06：45
栏目官网：www.discoverdocumentary.com
微信公众号：discoverdocumentary

聚焦先锋榜

《聚焦先锋榜》栏目介绍

《聚焦先锋榜》是发现之旅频道于2015年推出的一档全新电视栏目，是一个进行影响力营销和整合传播的高端服务平台。节目内容轻松鲜活，通过多板块结合的方式丰富节目形态，在这里既可以展现政商企的传奇奋斗历程，深度剖析政商企的社会责任，树立政商企公益典范；也可以最大限度地了解当下最新的旅游资讯和祖国各地各具特色的生态、人文景观，感受最绚丽的旅游风情，为观众带来不一样的发现之旅！

聚焦先锋榜
践行中国梦 传递正能量

《纪录东方》栏目介绍

《纪录东方》栏目以发现的眼光、从人文的角度，用镜头记录那些在时代进程中推动社会变革的集体或个人，呈现具有代表性的东方人物、东方企业、东方文化和东方历史。每周为观众讲述一个真实生动、曲折传奇、充满悬念、给人启迪的人生故事，以其特色和深度彰显时代主流价值，探寻中华文明传承故事，探寻东方历史进程的丰富内容，传颂辉煌璀璨的事迹，展示中华民族灿烂的文化遗产，展现普通人精彩的人生故事。

栏目运用纪实性手法，使得节目以直观、生动的信息实现对人物或自然的原生态的再现，带给观众有冲击力的观感，记录与塑造典范，树立行业标杆。这些已经发生或正在发生的故事，见证着历史的变迁，刻画下时代的烙印。栏目以强烈的故事性、细腻丰富的情感，从人文的角度、探索的精神，以发现的眼光，关注具有代表东方意义的革新史、创造史，记录东方人的追梦史，以史为鉴，一同写下新时代的新篇章！

纪录东方
JI LU DONG FANG
播出时间：每周六22:00-22:15
每周日06:15-06:30
每周日12:00-12:15
http://www.jiludongfang.com/

筑梦新时代

《筑梦新时代》栏目介绍

《筑梦新时代》是在中国特色社会主义进入新时代，为实现中华民族伟大复兴的中国梦而努力奋斗背景下所创立的一档以中国梦为主题的主旋律大型纪录专题电视栏目。自创立以来，栏目始终秉承“弘扬中国精神、凝聚中国力量、展现中国风采、讲述中国故事”的宗旨，充分发挥电视节目的宣传优势，为传递中国梦的正能量而不懈努力。

《筑梦新时代》栏目自创立伊始，就以权威、实用、纪实、灵活的视角，解读在新时代，各地方、各行业、各领域在推进现代经济结构转型升级进程中，所展现出来的新思路、新方法，用发现的眼光和视角传递中国梦的正能量。用镜头去记录不同群体用实际行动铸就的梦想，一个个梦想的汇集筑建了中国梦，并不断传递着正能量。8 年来，《筑梦新时代》栏目的足迹已遍布全球近 30 个国家和地区。

筑梦新时代
中国梦我的梦
CHINA DREAM MY DREAM
发现之旅频道《筑梦新时代》栏目
新时代，新思想，新目标，新征程

《极致匠心》栏目介绍

《极致匠心》是响应国家号召，利用国家平台的传播优势，充分弘扬中国的工匠精神，展示中国各界恪尽职守和精益求精风貌的一档大型人文纪实类栏目。

在新形势下，“工匠精神”也越来越迫切地需要全社会的恪守与发扬。《极致匠心》栏目秉承弘扬工匠精神的使命，在国家大力倡导工匠精神的政策指导下，肩负起传播工匠精神的责任，以纪录片形式，以从杰出人物到品牌文化，从产品工艺到地方文化、骄人成就和贡献等多元视角讲述地方、企业、个人的匠心追求和人文气蕴。

《极致匠心》栏目自 2020 年开播以来，以独具匠心的策划，优质的制作，在各大视频平台获得了大量的传播，并产生了积极广泛的社会影响。

极致匠心
大型人文纪实类节目
「传递盛世中国之时代极致匠心」
播出时间：每周一 20:00~20:15 每周二 7:00~7:15、13:45~14:00
栏目官网：www.cctvjzjx.com
微信公众号：cctvjzjx

《品质》栏目介绍

《品质》是国内首档以关注成长型企业为主题的专题纪录片栏目。栏目采用纪录片拍摄手法，以“让中国品质更受尊敬”为使命，致力于用影像的力量助推中国品质走向世界。2014 年，国家政策提出“推动中国制造向中国创造转变、中国速度向中国质量转变、中国产品向中国品牌转变”的“三个转变”重要指示，明确了品牌、品质之于产品、企业、国家的重要性。在此政策的指导下，2014 年 9 月《品质》栏目应运而生。

在系列政策的推动下，《品质》创办 7 年来以“净化商业环境、传播社会责任”为己任，为负责任企业证言、为行业树立标杆、为消费者提供选择。七年来，记录了三大产业的成长型企业 1000 余家，通过影像化的语言深度挖掘“中国制造”对品质的追求，对商业的坚守，为“中国制造”赋予了新的意义，树立全社会对“中国制造”的信心。

品质
让中国品质更受尊敬
播出时间：每周二 22:00
官方网站：www.pinzhichina.cn

《巨人力量》栏目介绍

《巨人力量》栏目聚焦中国企业自强、生长、突破，源于企业内心的力量。随着中国经济迈入高质量发展阶段，全面推动“专精特新”企业发展已是国家战略。强化中国企业科技创新和产业链供应链韧性，加强基础研究，推动应用研究，开展补链强链，加快解决“卡脖子”难题，直面挑战，自强生长、奋力抗争，这就是中国企业展现出的强大内生动力，是中国企业呈现的巨人力量。

《巨人力量》栏目的每一期节目都将力争从客观的角度，对中国企业在国家背景下的生存与发展进行力量的展现和记录。播出平台包括发现之旅频道、央视频及《巨人力量》栏目新媒体矩阵（今日头条、抖音、微信公众号、微信视频号等），通过纪录片真实的镜头呈现，树立新时代下中国智造的新形象，让国人对中国智造有一个正确认知，呼吁中国智造的匠心回归，呼吁中国智造打造引领世界的新标杆。

自强 生长 源于企业内心的力量
巨人力量
首播时间：每周六18:30-18:45
栏目抖音号
栏目头条号

精彩视界

《精彩视界》栏目介绍

《精彩视界》是发现之旅频道推出的一档以讲人文、看景观、感受魅力、解读和谐的全新栏目。它以严谨的态度和发展的眼光，通过镜头去记录各地的人文景观、生态之美以及各行、各领域的普通人和他们精彩迥异的人生故事，讲述人物命运及情感，展示事件背景以及对我们生活的影响与启示，关注不断发展变化的中国，关注不断更新不断进步的人民生活，展示现实变迁的历史纵深感，共同见证我们时代发展的真实过程，让观众去分享他们的人生感悟。

《精彩视界》拥有优秀的编导和制作团队，具有构筑拍摄大型电视纪录片、专题片、产品宣传片、企业广告、微视频的能力与实力。这些年《精彩视界》栏目为中共玉树州委、玉树州人民政府拍摄了七集大型系列纪录片《中华大地寻梦之旅》，为中共哈尔滨市委宣传部拍摄八集大型人文纪录片《镜头下的哈尔滨》，历时两年筹备，顺利拍摄完成并获得发现之旅频道纪录片二等奖。“精彩视界，发现精彩”。回首过去，我们初心依旧；立足今日，我们胸有成竹；展望未来，我们再创辉煌！

中央新影
发现之旅
精彩视界
精彩视界 发现精彩
播出时间：每周首播一次 重播两次
栏目官网:http://www.cctvjcsj.com/

《魅力东方》栏目介绍

"您与世界面对面，我站在中间。"

《魅力东方》是发现之旅频道精心创制、推出的一档重在展示中华民族厚重的传统文化，旨在展现时尚国风、振奋民族精神，激励民族斗志的励志栏目。从开播至今，已经走过了 14 个年头，共制作及播出了 500 余部政府、企业、人物类专题纪录片，得到了社会各界的一致好评。

《魅力东方》栏目准确把握广播电视的宣传宗旨和主流媒体属性，充分发挥主流媒体的传播力、影响力、引导力、公信力，以电视节目为依托，融合传统媒体和新兴媒体，整合社会资源，发挥"全媒调度、全网传输、全域覆盖"的优势，用生动的笔触、多维立体的视角、融媒体传播平台，全方位、多角度、深入捕捉和探索中华文化故事，使中华文化得到有效解读和传达。

《魅力东方》栏目将以高度的政治责任感和认真负责的职业精神，践行面向社会服务的宗旨，永远奋斗在路上。

《未来使命》栏目介绍

《未来使命》栏目是响应国务院与国家广播电视总局关于弘扬新时代企业使命和企业家精神而设立的一档专题纪录片栏目，依托于国家媒体播出平台，由央视著名主持人主持，通过纪录片与访谈形式，记录企业发展中的奋斗历程，记录企业家爱国、创新、诚信、担当的优秀精神。

其中，纪录片板块围绕企业与个人，以真实的工作生活为创作素材，以真人真事为表现对象，对其进行艺术加工与展现，讲述企业发展中的奋斗历程。

访谈节目板块由央视著名主持人以访谈形式对话企业家，畅谈新时代的企业家精神和企业品牌的魅力，回顾追梦故事，勾画未来图景，传递企业的自信与自强，助推民族品牌走向世界。

栏目秉承“记录过往 致敬未来”的使命，坚持“用镜头记

录真实的画面 用画面讲述动人的故事书用故事激励前进的脚步用影像见证历史的辉煌”的价值观，让中国企业更有自信，让中国企业家更受尊重。

《发现者》栏目介绍

《发现者》是发现之旅频道推出的一档大型电视纪实类栏目，通过访谈和外景拍摄的形式，聚焦党的十八大以来，中国民营企业坚守匠心精神、企业家精神、创新精神，最终取得突破、实现圆梦的奋斗故事，鲜明展现了中国故事背后的思想力量和精神力量，真情讴歌了新时代广大创业者和民营企业家的新风貌、新奋斗、新精神。

栏目组肩负厚重的媒体使命，坚持正能量的舆论导向，用弘扬主旋律、传递正能量的优秀主题作品引领社会风尚。

DISCOVERER
发现者

纪录片人的使命

肩负使命的奋斗者在时代发展的道路上印下深深的足迹，这些足迹也值得被记录下来，时代需要奋斗者，也需要记录和传播这些精神的讲述者。中央新影发现之旅频道《未来使命》栏目就是这样一个记录时代的讲述者。

纪录片是时代发展的相册，《未来使命》栏目通过镜头，为时代发展的相册留下了珍贵的影像，并用纪录片的形式为每一张

影像作序。负责摄制和运营栏目组的北京卯辰时刻文化传媒有限公司，则是一家专注于内容研发与制作的传媒公司，旨在记录肩负使命的时代奋斗者，讲述他们的使命与精神的不同演绎。

立足当下，《未来使命》栏目始终以记录和传递使命精神为初心。展望未来，《未来使命》栏目亦将肩负起记忆的传承和一代又一代肩负使命的奋斗者一起长征。

“中国共产党人的初心和使命，就是为中国人民谋幸福，为中华民族谋复兴。”时代的发展赋予了共产党人崇高的使命，漫长岁月中，无数奋斗者的精神与这份崇高的使命相互交融，闪烁着动人的光辉，用使命的音符演绎出华夏发展的赞歌。

为了献礼建党100周年，中央广播电视总台下属中央新影集团发现之旅《未来使命》栏目主动担负起这份讲述使命精神的责任，向广大的电视观众展现中国政府、中国企业和中国人民追逐美好未来的时代蓝图。至此，记录奋斗者们的使命精神，便成为《未来使命》栏目一以贯之的使命和初心。用镜头记录真实的画面，用画面讲述动人的故事，用故事激励前进的脚步，用影像见证历史的辉煌。《未来使命》不断寻找为国家和社会发展做出过贡献的团体、企业和个人，回顾过往，致敬未来，传承使命，铸就辉煌。

在960多万平方公里的广袤土地上，《未来使命》栏目围绕做出了突出贡献的行业或有突出贡献的个人，以真实生活为创作素材、以真人真事为表现对象，对其进行艺术加工与展现，讲述百年传承的中华使命，致敬牢记使命的追梦人，献礼风雨兼程的百年岁月，展望无限美好的辉煌未来。

在《未来使命》栏目组的镜头下，使命精神的演绎有无数种形态，但始终拥有直击人心的力量。他们见证着华夏科技发展的巨浪，见证着大国重器的使命担当，见证着数字化的机械轰鸣，见证着智能化发展的歌声，见证着浩瀚宇宙中科技的触角探索到的希望。

栏目组记录了小小山村变成产业集群的新型生态农业发展阵地，记录了建设美丽乡村、推动特色产业发展背后默默付出的奋

斗者流下的汗水，记录了时代下困境中的逆行者默默前行的背影，记录了一份又一份的行业责任。

栏目组讲述着奋斗者们坚定的人生信条，讲述着时代先锋们无所畏惧的创造精神，讲述着使命落到个人时，奋斗者们内心的坚定。在他们的镜头下，关于“未来使命”的故事总是有着一样的演绎方式，但答案永远不尽相同。

栏目组曾经拍摄过这样一个故事。故事的主人公是一名普通的建筑工程承包商，在一次偶然的工作巡视中，看到工人们吃过

的一次性午餐盒，伴随着建筑工地的沙尘漫天飞舞，这抹白色看似只是一些没有归入垃圾桶的垃圾，但实际上是当时整个社会都存在的大面积的白色污染现象。作为环保行业的门外汉，面对这样的情况，他毅然决定投身环保产业的研发。导演问道，是什么给了他决心和勇气去做跨行业的研发。他沉默良久，只是淡淡地说道："我觉得总要有人做这件事，我看到了，在那一瞬间想到了，我就去做了。"简单的一句话背后蕴含着一颗诚挚的赤子之心，但他的跨行业创业之路并没有因为他的诚挚而变得顺利，市场的空白、技术的门槛，让他的环保梦在市场中风雨飘摇。他依旧需要为了一个使命，执着于千百次的实验。

他性格低调内敛，不善言辞，大多数面对镜头的时候都没有过多的分享欲，但他数十年如一日坚持在做的事情，以及挂在墙上那块刚劲有力的“但行好事，莫问前程”的牌匾，便是关于使命最好的诠释。

使命落到个人，或许只是一念起，但就是这一念起的星火，便足以燎原。上面这个故事在《未来使命》栏目众多的选题中并不特别，但就是这无数的普通故事建构起“关于使命”的“高楼”，将奋斗者的声音传向远方。

《未来使命》是讲述和表达的窗口，也是肩负使命的奋斗者们聆听、观察、诉说的桥梁。《未来使命》摄制组在用脚步丈量奋斗者们足迹的同时，也在聆听着他们的困惑和愿景。《未来使命》栏目为奋斗者与行业专家、学者在演播室搭建深入沟通、交流的平台，使其拥有一个可以诉说的平台与空间，畅谈追梦故事，探讨行业前景，勾画未来美好蓝图，同时也为困境中的企业提供专业建议，助力其发展。

镜头是《未来使命》记录使命精神的工具，呈现方式是他们讲述使命精神的窗口。在他们的“窗口”中，“使命”是家国情怀，亦是无数奋斗者的孤勇和坚守。

纪录片行业是永无尽头的“天梯”，迎难而上的记录、风雨无阻的讲述便是《未来使命》栏目组的使命。

在海拔 4000 米的阿里，稀薄空气带来的严重高反困扰着摄制组，因缺氧导致的头痛，携带的录制设备都让大家的步伐变得沉重。摄影师要一直抱着氧气罐吸氧才能开展正常的工作，为了缓解大家因为高反带来的压抑情绪，他自嘲地说氧气罐是他在藏区的“安抚奶嘴”。

那次的拍摄对象是一位从小生活在藏区的年逾花甲的老人，家境贫寒，兄弟姐妹共有 10 人，常常因为吃不饱、穿不暖而苦恼。

十几岁的时候，因为国家政策获得了外出求学的机会，学成后，本可以留在一线城市继续发展的他，毅然选择回归藏区，投身基层工作，他说："不是因为我幸运才有机会看到外面的世界，我只是被上天选中的眼睛，我要代替他们出去学习，看看外面的世界，眼睛要看向远方，但是不能永远只看远方。"

在那个交通还不发达的年代，他一路依靠步行、扒绿皮火车，多次辗转于拉萨、北京之间，只为了解决当地藏民的用电问题。几十年的时间，一匹马、一个背包，他跑遍了几乎整个阿里。如今的他早已到了退休的年纪，但他没有享受赋闲的退休时光，而是做起了电商平台，在我们的镜头下，一位头发花白的老人，戴着老花镜，坐在电脑前忙碌，岁月的侵蚀让他的身形微微佝偻，但挺阔的脊背依旧透着一股坚毅，他就那样坐在电脑前，希望能通过电商平台为阿里搭建一个更广阔的窗口，让更多人感受到阿里的温度，也希望有一些职业机会留给在阿里的年轻人。"淋过雨的人更能够为他人撑伞"，这位老人努力用自己的双手为阿里的人民撑起一把伞。

拍摄持续了 8 天，老人会在转场的路途中默默地帮忙搬运一些设备，减轻摄制组成员的负重，缓解一些高反带来的不适。分开的时候，摄影师似乎已经适应高原反应，他看着窗外和我们挥手的老人说："这样的人生值得一句'不负使命'。"

纪录片创作是一个浪漫的工作，《未来使命》栏目的内容创作者们将这份浪漫诠释到了极致。“敏锐的观察力、细致的敏感力以及强大的身体素质”，这是行业内纪录片从业者的三大法宝。略带调侃的一句话却是对这个行业中每一位从业者的无差别要求。

摄制组需要有敏锐的观察力，能解读被拍摄对象的情绪状态、内心深处想要表达却又不知如何开口的语言。镜头下的被拍摄对象大多是不善言辞、性格内向的普通人，肩负着使命精神的他们在用智慧和双手演绎着不尽相同的匠心故事，面对镜头他们是羞涩的；镜头后的摄制组便要用他们的观察力去讲述出人物内心的声音，或许是一个眼神，或许是一个微笑，或许是眼角的热泪，或许是微微紧蹙的眉头，或许是一段蹒跚的步伐，或许是一个深沉坚定的背影，或许只是一段无声的沉默。“使命精神”没有具体的画面和声音，但在摄制组的镜头下，每一个画面和声音，却都是“使命精神”的演绎。

细致的敏感力要求摄影师对被拍摄对象的行业敏感，对周边的环境敏感，对画面、声音敏感。对于纪录片从业者来讲，被拍摄对象的真实情绪比完美的表达更重要，如果说，观众能从节目中汲取到一些力量，那一定是因为真实的讲述，而不是完美的表达。

强大的身体素质也是摄制组的工作必备。雪山、草地、荒漠、大海、山地、丘陵，肩负使命的奋斗者在哪里留下足迹，哪里便会有《未来使命》摄制组的身影，无论严寒酷暑还是雨雪交加，

他们在平均海拔4000米的阿里克服严重高反记录建设者们流下的汗水，在没有电没有网的山区记录美丽乡村建设中拓荒者们的身影，在近零下40℃的极寒天气记录一杯冰酒的诞生，在38℃的高温酷暑下，记录种业研发者的坚守。“使命精神”在演绎的地方，便是《未来使命》栏目镜头要对准的方向。

节目制作内容周期是《未来使命》栏目组唯一的度量衡。寻找被拍摄对象，记录他们的故事，用影像语言传递使命精神，对他们来说，一年的时间维度不是365天，不是8760小时，不是

525600 分，更不是 31536000 秒，而是 120 期播出节目，是镜头下 500 多个人物故事，是 669 个城市的不停辗转，是 15000 分钟的成片时长，是超过 10000G 的素材量。用精力和热情浇灌，用热血、阅历和共情去观察思考、去记录、去讲述。用浪漫主义精神、纪实主义的手法，讲述现实主义的使命精神，镜头前是使命精神的记录，镜头后的他们也无时无刻不在践行着电视人的使命精神。

不同时期，纪录片承担的历史意义、呈现的价值各有侧重。早期纪录片更多承担着政治传播的功能。传奇工程“红旗渠”，1960 年动工，一修 10 年，纪录电影《红旗渠》跟拍 10 年。老一辈纪录片工作者用最朴素的办法，凝结成一帧帧胶片，拼接成共和国成长的片段。那个时代，纪录片像一面旗帜，指明方向。如今《未来使命》栏目用纪录片映照出肩负使命的奋斗者生活群像，用另一个视角、另一种语态记录使命精神的真实图景。他们用影像书写和表达，记录使命情怀、责任和信念，记录时代的深刻、质感和张力，在中国纪录片的新动能与新趋势下为时代留下影像。从立足现实生活到主流价值传播，从挖掘主流题材到创新的叙事性表达，延续中华文脉、树立大国文化自信，为新时代中国留下个体化影像的主角，始终是《未来使命》栏目重要的创作方向。

对于《未来使命》栏目，新时代纪录片应有新作为。它将创新纪录片的特性和优势，为时代书写影像史记，为观众提供丰富的精神食粮；发掘纪录片的产品属性，努力将其打造成为文化产业的重要组成部分；在中华民族伟大复兴的关键历史节点，讲好中国故事，发出中国声音；作为思想和文化的承载媒介，诉说华夏大地的使命精神，推动人类文明的交流互鉴。对于《未来使命》，“未来使命”是此时此刻的分分秒秒，更是未来的每一个日日夜夜。

时代的发展离不开心怀未来的开创者，《未来使命》栏目被时代选中，成为记录和讲述的窗口，他们扛起摄像机，讲好每一个故事，在此刻、在未来，不负使命！

记录时代匠人，讲好中国故事

纪录片作为一种重要的视听艺术形态，近年来在国家政策的大力扶持下，其内容创作得以繁荣发展，成为深受观众欢迎和喜爱的节目形式之一。进入 2022 年，国家广播电视总局印发《关于推动新时代纪录片高质量发展的意见》，确定了新时代纪录片高质量发展的指导思想、工作目标、基本原则和组织保障。

党的十八大以来，在以习近平同志为核心的党中央坚强领导下，在习近平新时代中国特色社会主义思想科学指引下，党和国家的事业取得了历史性成就、发生了历史性变革。这为纪录片创作提供了丰富的题材内容和肥沃的创作土壤。在此背景下，成都中视新影文化传媒有限公司负责在中央新影发现之旅频道摄制和运营的《发现者》栏目，紧扣时代脉搏，深度聚焦中国企业追梦圆梦的奋斗故事和民族品牌的创新发展之路，以小切口反映大主题、小人物折射大时代、小故事讲述大道理。

作为一档电视纪实节目，《发现者》主创团队从选题、审核、策划、拍摄、制作到节目最终播出，坚持正能量的政治方向、价值取向和舆论导向。谈到节目创作的初心，《发现者》出品人桂贞勇表示："我们就是想通过镜头展现新时代民营企业的工匠精神、企业家精神和创新精神，重塑消费者对民族品牌的消费信心，让真正优秀的中国品牌走进千家万户。"

自从2016年工匠精神被写入政府工作报告以来，党和国家领导人已多次提及要大力弘扬工匠精神，到2021年党中央批准了中共中央宣传部梳理的第一批纳入中国共产党人精神谱系的伟大精神，工匠精神被纳入其中。谈到对工匠精神的理解，《发现者》栏目制片人陈明勇说："我对工匠精神的理解就是一件事、一辈子、代代传承，敬业、精益、专注、创新，这些就是我们所需要弘扬和传播的。"

2021年，中国共产党迎来建党100周年的伟大历史时刻。为了充分展示中国共产党百年光辉历程、伟大成就和宝贵经验，《发现者》栏目围绕"改革开放浪潮下的中国民营企业"策划制作了系列专题节目，讲述各行各业在新时代背景下的深刻变革和生动故事，向党的百年华诞隆重献礼。其中，《思想的支点》《循环》《聚合的力量》等一系列展现中国企业家、科学家攻坚克难、打破国外技术垄断、振兴民族实业的节目，引发了强烈的社会反响和情感共鸣。

《思想的支点》主要讲述"海归"企业家——重庆杜马斯克科技有限公司董事长杜长春的创业故事。在国外留学期间受到的嘲笑和诋毁并没有击垮他，反而激发了他强烈的爱国情怀。回国之后杜长春经历了诸多挫折，在遭遇股东欺骗背叛、半年发不出工资的情况下，他依然不懈奋斗，以六十岁为起点，打造出世界领先的油封产品。他说：“咱们这代人不去做，那我们中国的科技力量又会落后国外几十年，只要保持初心不改、斗志不变，我们可以影响很多人，国家始终是我们心中的重要支点。”节目播出后，制片主任激动地表示：“正是因为有像杜总这样不服输、不服气的企业家，为中国品牌、中国智造创造出一个又一个奇迹。他们的精神感染着我们，我们在平时工作中更应该兢兢业业，为真正的好企业、好故事发声！”

如果说《思想的支点》是杜长春学成归来的个人奋斗史，那么《循环》就是一支呼唤海外学子产业报国的号角。该片以青岛合能环境技术有限公司为拍摄对象，围绕有机废弃物资源回收再利用的话题，展现了以姜鹏为代表的海外学子，渴望把国外的先进技术和理念带回祖国、建设家乡的美好愿望。本片导演蒙磊以独特的视角将资源的循环和人才的循环结合在一起，呼唤更多学子学成归来，完成人生小循环，共同铸就国家生态大循环。

《聚合的力量》则把目光聚焦在中美贸易战的时代背景下，开平市齐裕胶粘制品科技有限公司（以下简称齐裕科技）通过科技创新打造技术壁垒，让“卡脖子”难题迎刃而解。

2021 年 7 月 18 日，《发现者》栏目走进齐裕科技，专题纪录片开机仪式在公司厂区隆重举行，开平市委市政府相关领导，

《发现者》栏目组制片主任邓辉、导演熊亮，齐裕科技董事长朱锦佐、总经理罗吉尔出席会议。开机仪式现场，邓辉主任上台致辞，谈到栏目组与齐裕科技的此次携手，他表示：“齐裕科技凭借精湛的创新技术、优良的品质服务、诚信的经营管理和高度的社会责任感，赢得了社会各界的广泛赞誉。栏目组将本着‘用镜头见证，让事实说话’的媒体使命，深入齐裕，真实记录齐裕的技术创新、精益服务、文化理念和爱心故事，让大国工匠的时代精神传遍社会的角落。”

2022 年 10 月，党的二十大隆重召开，这是党进入全面建设社会主义现代化国家、向第二个百年奋斗目标进军新征程的重要时刻召开的一次十分重要的代表大会，是党和国家政治生活中的一件大事。国家广播电视总局开展“我们的新时代”主题作品创作展播活动，强调“坚持以人民为中心，塑造新时代人民群众鲜活群像”，为迎接党的二十大营造良好的文化环境和舆论氛围。

新时代开启新征程，新梦想呼唤新力量。在制片主任火琼星看来，新时代下的企业家精神就是要把服务社会、满足人民群众对美好生活的向往作为企业的不懈追求。“在今年的选题工作中，让我印象最深刻的是一家从事藏医药文化的公司——西藏神猴药业，创始人尼玛次仁老师和他的恩师在 1992 年共同创办了聂拉木药厂。他的恩师是一个坚定的爱国主义者，选择在日喀则市聂拉木县办药厂的初心就是为了固边守边、振兴乡村，更重要的是为传承藏医药、救民济世。当年的创业条件十分艰苦，设备也很简陋。尼玛老师作为藏医学校第一批制药专业毕业的高才生，和恩师靠着手工搓制、手工包装，一直到 1999 年国家要求安装 GMP 标准生产线，才开始有了企业的模样。接下来的时间里，尼玛老师一步一个脚印，经历企业改制、制药技术革新、团队人才培养、市场普及等难题，不断披荆斩棘、开拓进取，始终秉承恩师留下的信念——终生为人类健康而奋斗，30 年如一日专注于藏医药发展，还成立了创新研究院，就是为了培养专业人才，促进藏医药的创新研发，更好地服务社会，让老百姓受益。”

2022 年 1 月，中央新影发现之旅频道年度评优表彰工作顺利落下帷幕，《发现者》栏目组刘雅彬导演团队创作的专题纪录片《心融华彩 为天作色》荣获“2021 年度优秀节目”。该片主要讲述以龚兰英为代表的唐卡艺术守护者为传承唐卡技艺、创新唐卡制作的故事。

传统工艺制作的唐卡，主要绘制在纸、布、麻、绢、皮等材料上，在经历比较长的时间后，极易出现褪色、裂纹、剥落、虫蛀等状况，难以久远地完好保存。受地理历史条件的限制，如何制作可以保存久远的精美唐卡，从来都是藏区唐卡画师们的一种追求。一次与景德镇陶瓷的偶然接触，让龚兰英终于找到唐卡艺术与陶瓷艺术相融合的全新技艺，揭开了汉藏艺术千年邂逅的面纱。

导演刘雅彬，1983 年出生于北京市，自幼受到作为国家一级作曲家的外公的熏陶，热爱文艺。2005 年毕业于中央戏剧学院戏剧影视文学系，先后在北京电视台《真情北京》、中央新闻纪录电影制片厂《地图上的故事》、CCTV-4《国宝档案》任编导、导演。

为了真实再现唐卡艺术与陶瓷艺术的独特魅力，刘雅彬导演带领摄制组先后前往四川省甘孜藏族自治州和江西省景德镇，完成了唐卡画创作部分和景德镇陶瓷烧制部分的拍摄工作。

炉霍县位于甘孜藏族自治州中北部，平均海拔 3860 米。摄制组从成都开车出发，历经 9 个小时、500 公里的路途颠簸，终于抵达炉霍。成都平原到川西高原的海拔落差带来身体的不适，拍摄还未开始，摄制组部分成员就出现了高反、发热等症状。为了不影响拍摄进度，摄制组选择带病坚持工作，白天拍摄、晚上总结，根据实际情况及时调整，最终圆满完成拍摄任务。拍摄期间恰逢甘孜藏族自治州举行庆祝建州 70 周年农特产品产销对接现场会，来自全州各地的参展单位和代表共同见证了唐卡技艺传承延续、创新发展的璀璨光芒，摄制组的敬业、专业给他们留下了深刻印象。

荣誉亦是责任，坚持方能精进，栏目组将不忘初心、再接再厉，用情用力讲好中国故事，用更多有筋骨、有道德、有温度的精品力作传递新时代民族精神和文化自信，向世界展现可信、可爱、可敬的中国形象。

图书在版编目（CIP）数据

中国企业故事 . 1 / 杨定坤主编 . -- 北京：人民日报出版社, 2022.12
ISBN 978-7-5115-7661-3

Ⅰ . ①中… Ⅱ . ①杨… Ⅲ . ①企业管理 – 经验 – 中国 ②企业家 – 生平事迹 – 中国 – 现代 Ⅳ . ① F279.23 ② K825.38

中国国家版本馆 CIP 数据核字 (2023) 第 001506 号

书　　名： 中国企业故事 1
ZHONGGUO QIYE GUSHI 1
主　　编： 杨定坤

出 版 人： 刘华新
责任编辑： 陈　红　周玉玲　张雪原
封面设计： 周　健　袁　麟

出版发行： 人民日报出版社
社　　址： 北京金台西路 2 号
邮政编码： 100733
发行热线：（010）65369527　65369509　65369512　95363531
邮购热线：（010）65369530　65363527
编辑热线：（010）65369844
网　　址： www.peopledailypress.com
经　　销： 新华书店
印　　刷： 鸿博昊天科技有限公司
法律顾问： 北京科宇律师事务所　010–83622312

开　　本： 880mm × 1230mm　1/32
字　　数： 181 千字
印　　张： 9.75
印次版次： 2023 年 4 月第 1 版　2023 年 4 月第 1 次印刷

书　　号： ISBN 978-7-5115-7661-3
定　　价： 78.00 元